Scriptor Praxis

STEFAN KELLER

Kompetenzorientierter Englischunterricht

SCRIPTOR

Stefan D. **Keller** ist Leiter der Professur Englischdidaktik an der Pädagogischen Hochschule Basel, Institut Sekundarstufe I und II. Er befasst sich schwerpunktmäßig mit der Prozessgestaltung und empirischen Erforschung von komplexen Kompetenzen im Fach Englisch und mit erweiterten Formen der Leistungsbeurteilung.

Projektleitung: Dorothee Weylandt, Berlin
Redaktion: Anke Simon, Siegen
Grafik: fotosatz griesheim GmbH, Griesheim
Umschlaggestaltung: Kerstin Zipfel, München
Umschlagfoto: © contrastwerkstatt – Fotolia.com
Layout/technische Umsetzung: fotosatz griesheim GmbH, Griesheim

www.cornelsen.de

Nicht in allen Fällen war es uns möglich, die Rechteinhaber ausfindig zu machen. Berechtigte Ansprüche werden selbstverständlich im Rahmen der üblichen Vereinbarungen abgegolten. Wir bitten um Verständnis.

Die Links zu externen Webseiten Dritter, die in diesem Titel angegeben sind, wurden vor Drucklegung sorgfältig auf ihre Aktualität geprüft. Der Verlag übernimmt keine Gewähr für die Aktualität und den Inhalt dieser Seiten oder solcher, die mit ihnen verlinkt sind.

1. Auflage 2013
© 2013 Cornelsen Schulverlag GmbH, Berlin

Druck: CPI – Clausen & Bosse, Leck

ISBN 978-3-589-03915-9

 Inhalt gedruckt auf säurefreiem Papier aus nachhaltiger Forstwirtschaft.

Inhalt

Vorwort

Die Bedeutung des Begriffs „Kompetenz" kann man gut an den Zielen dieses Buchs erklären: Lehrkräfte und Praktiker sollen darin neues Wissen über den Englischunterricht erwerben und dieses *anwenden* können, sodass es im Alltag *handlungswirksam* wird. Sie sollen lernen, Unterricht vermehrt an Kompetenzzielen auszurichten, für diese Ziele motivierende Lernaufgaben zu entwickeln, Vorwissen und Lernmotive der Schülerinnen und Schüler diagnostisch einzuschätzen und Unterricht adaptiv zu gestalten. Ob dies gelingt, hängt einerseits von der Qualität dieses Buchs (Input) ab, andererseits aber auch von den Leserinnen und Lesern selbst. Sie müssen das neue Wissen „an sich heranlassen" und es in Bezug zu den eigenen Interessen und Entwicklungspotenzialen setzen: Sieht eine Lehrkraft die Jugendlichen als eigenständige Subjekte, die im Unterricht selbstbestimmt handeln und denen sie Selbstwirksamkeit zutraut? Oder werden die Schüler als „Wissensempfänger" betrachtet, die einen vorgegebenen Stoff so rasch und vollständig wie möglich übernehmen sollen? Gelingt es Lehrkräften, sich Unterstützung und Beratung bei der Umsetzung eigener Unterrichtsprojekte zu organisieren und vertrauensvoll mit Fachkolleginnen und -kollegen zusammenzuarbeiten?

Kompetenzen können wir beschreiben als die Verschmelzung von Fähigkeit und Fertigkeit, von Wissen und Tun. Sie stellen die Fähigkeit von Menschen dar, ihre Kenntnisse, Fertigkeiten und Einstellungen zu einer Sache in ein produktives Zusammenspiel zu bringen, um in einer komplexen Situation erfolgreich handeln zu können. Das Buch enthält deshalb nicht bloß Unterrichtskonzepte, sondern auch praktische Beispiele und Einladungen zur persönlichen Umsetzung. Dabei soll keiner didaktischen Theorie zum Durchbruch verholfen und keine Methode zur Lösung von Lernproblemen aller Art propagiert werden. Dieses Buch will Praktikern Wege aufzeigen, wie sie mithilfe von Kompetenzzielen guten Unterricht machen können. Es geht dabei um nichts Geringeres als die Entwicklung einer schulischen Lernkultur, bei der das aktive und selbstbestimmte Fremdsprachenlernen der jungen Menschen ins Zentrum der pädagogisch-didaktischen Maßnahmen gerückt wird (Drieschner 2008, 568). Das Buch will also auf pragmatische Weise dazu beitragen, Lehr-Lern-Prozesse in der schulischen Wirklichkeit des Fremdsprachenunterrichts zu optimieren.

Beim Schreiben konnte ich auf die Hilfe und Unterstützung vieler Menschen zählen, bei denen ich mich an dieser Stelle herzlich bedanken möchte. Ich danke Schwester Anna Maria Walser an der Mädchenrealschule St. Gertrudis in Ellwangen, welche die Einheit *Writing a Letter* federführend entwickelte, und ihren Schülerinnen, die sie durch ihren Einsatz zum Erfolg werden ließen. Ebenso danke ich meinen ehemaligen Kollegen an der Universität Zürich, besonders Urs Ruf und Felix Winter, deren Ideen die Grundausrichtung dieses Buchs prägen. Ich danke meiner wissenschaftlichen Mitarbeiterin Cinzia Zeltner für die kostbare Unterstützung besonders bei der Endredaktion des Texts. Aufseiten des Verlags danke ich Dorothee Weylandt (Projektleitung) und Anke Simon (Redaktion) für ihre sachkundige und sorgfältige Arbeit.

Ein besonderer Dank gilt meiner Frau Natalia und meinen Töchtern Daria und Evelina: Sie mussten für dieses Buch auf vieles verzichten und haben mir trotzdem die Energie gegeben, es fertigzustellen.

Stefan Keller, Basel im Herbst 2012

Webcode: Sie können die Kopiervorlagen aus dem Internet als pdf-Datei herunterladen. Sie finden dazu eine Zahlenkombination jeweils unten auf der Buchseite. Geben Sie diese unter www.cornelsen.de/webcodes ein.
Achten Sie bitte darauf, dass beim Ausdrucken bei Seitenanpassung „In Druckbereich einpassen" aktiviert ist, damit Sie eine DIN-A4-Seite bekommen.

1 Grundlagen

1.1 Kompetenz und Lernkultur

Durch Kompetenzbeschreibungen (und Bildungsstandards) hat man heute ein klareres Bild darüber gewonnen, über welche Fähigkeiten Lernende am Ende ihrer Schulzeit in etwa verfügen sollten. Die Umsetzung dieser Ziele im Unterricht obliegt jedoch weitgehend den Lehrpersonen selbst und ist auf ganz unterschiedliche Weise möglich. Damit sie gelingt, muss der Schwerpunkt der didaktischen Entwicklung auf dem *Lernen der Schülerinnen und Schüler* liegen.

Mit dem Projekt der Kompetenzorientierung ist einerseits die Einführung neuer Testinstrumente zur Messung des Outputs verbunden. Eine *Verbesserung dieses Outputs* setzt aber eine Entwicklung bei der Lehr- und Lernkultur voraus, weil die Qualität von Kompetenzen entscheidend von der Qualität der *Prozesse* abhängt, in denen diese erworben wurden (LERSCH 2006, 32). Diese Entwicklung einer anspruchsvollen Lernkultur steht im Zentrum dieses Buchs.

Im Folgenden werden die Grundlagen des kompetenzorientierten Unterrichts mit Bezug auf verschiedene Referenzwissenschaften erläutert. Leser, die einen praktischen Zugang vorziehen, können direkt zur Lerneinheit *Writing a Letter* (Kap. 2) springen. Dort können sie sich direkt auf die Sache mit all ihren Haken und Ösen einlassen, ohne dass diese zuerst vorgekaut oder didaktisch portioniert worden wäre.

In seinem verbreiteten Konzept definiert WEINERT (2001a, 2001b) Kompetenz als

> *die bei Individuen verfügbaren oder durch sie erlernbaren kognitiven Fähigkeiten und Fertigkeiten, bestimmte Probleme zu lösen, sowie die damit verbundenen motivationalen, volitionalen und sozialen Bereitschaften und Fähigkeiten, die Problemlösungen in variablen Situationen erfolgreich und verantwortungsvoll nutzen zu können. Kompetenz ist nach diesem Verständnis eine Disposition, die Personen befähigt, bestimmte Arten von Problemen erfolgreich zu lösen, also konkrete Anforderungssituationen eines bestimmten Typs zu bewältigen. Die individuelle Ausprägung der Kompetenz wird von verschiedenen Facetten bestimmt: Fähigkeit, Wissen, Verstehen, Können, Handeln, Erfahrung, Motivation.* (WEINERT 2001a, 27)

Kompetenzen stellen „die Verbindung von Wissen und Können her und [sind] als Befähigung zur Bewältigung unterschiedlicher Situationen zu sehen" (KLIEME 2004, 13). Diese Situationen haben eine disziplinäre Logik und sind als Anforderungen bestimmter Fächer an die Lernenden zu verstehen. Das Kompetenzkonzept hat also einen fachlichen „Kern", gibt der Schule aber auch neue Zielgrößen vor:

a. Erwerb von inhaltlichem Wissen,
b. lebenspraktisches Anwendungswissen,
c. metakognitive Kompetenzen und Strategien des Lernens und
d. kognitiv-motivationale Handlungs- und Wertorientierungen
  (WEINERT 1998, 11).

Dies bedeutet in der Praxis eine Verknüpfung von inhaltlich-fachlichem, methodisch-strategischem, sozial-kooperativem und selbsterfahrend-personalem Lernen (VOLLSTÄDT 2008, 6). In der Auseinandersetzung mit den Lerngegenständen sollen die Jugendlichen neue Informationen so mit dem eigenen Vorwissen verbinden, dass sie die daraus resultierenden Handlungskompetenzen innerhalb und außerhalb der Schule anwenden können. Ein zentrales Ziel dabei ist, „kumulatives Lernen" in dem Sinne zu etablieren, dass das neu zu erwerbende Wissen möglichst gut mit dem vorhandenen verknüpft werden kann:

Dies gelingt erstens nur, wenn eine gut organisierte Wissensbasis (deklarative und prozedurale Wissensstrukturen) aufgebaut wird, das Erkennen von Zusammenhängen durch Wiederholung des Gelernten in immer wieder neuen Kontexten gefordert wird, die Anschlussfähigkeit für Nachfolgendes hergestellt wird, themenverbindende Konzepte in den Mittelpunkt des Unterrichts gestellt werden (komplexe Lehr-Lern-Arrangements) und die Anwendung des Wissens als bedeutungsvolles Lernen erfahrbar wird. (DUBS 2006, 161)

Dies hat nicht nur Konsequenzen für die Entwicklung von Lerneinheiten, sondern auch für die Jugendlichen selber: Sie sollen stärker die Verantwortung für ihre Lernprozesse übernehmen und diese aktiv steuern, anstatt dem Unterricht nur zu „folgen".

1.2 Aktives Lernen in authentischen Situationen

Fachkompetenzen werden in langfristigen und komplexen Konstruktionsprozessen erworben, wobei die Lernenden aufgrund ihres Vorwissens mit ihrer physischen und symbolischen Umwelt interagieren und ihre geistigen

Prozesse reorganisieren. Lernpsychologisch gesehen steht dahinter eine moderat konstruktivistische Auffassung: Lernen bedeutet nicht, Wissen passiv aufzunehmen – vielmehr handelt es sich um einen aktiven Konstruktionsprozess eines Individuums. Kompetenzen können nicht im Sinne einer INPut-Output-Beziehung von der Lehrkraft auf die Lernenden übertragen werden, sondern sie werden in einem konstruktiven Verarbeitungsprozess aufgebaut und erweitert; das Gehirn benutzt dabei Ergebnisse vorangegangener Operationen als Grundlage für weiteres Lernen. Dieses vollzieht sich in evolutionären Schritten, indem über Erlebnisse, Erfahrungen und Reflexionen nach und nach ein höheres Niveau erreicht wird.

Auch Fremdsprachen werden stärker in einem Prozess der aktiven Auseinandersetzung mit der Umwelt gelernt, weniger durch passive Anpassung an vorgegebene Normen. Damit soll nicht behauptet werden, Lernende müssten einfach in ein anregendes Umfeld „eintauchen" und würden die Fremdsprache so am effizientesten erwerben. Die Wirksamkeit eines gut strukturierten Unterrichts mit verständlichen Erklärungen ist empirisch vielfach belegt (ELLIS 1994, 94 ff.). Die Umsetzung von Prozessen des „äußeren Lehrplans" *(input)* in jene des „inneren Lehrplans" *(intake)* bleibt jedoch eine Leistung, die von den Lernenden individuell erbracht werden muss und die ihnen niemand abnehmen kann (BÖNSCH et al. 2010, 7 ff.).

Der didaktische Blick wird damit über die „Stoffe" hinaus auf die Ansprüche gelenkt, die bestimmte Situationen an die Lernenden stellen, sowie auf die geistigen Handlungen, die erforderlich sind, um erfolgreich zu kommunizieren. Eine Herausforderung besteht darin, ihnen vielfältige Angebote zur Auseinandersetzung mit fachlich zentralen Themen zu machen und sie beim Aufbau von „tragfähigem" Wissen systematisch zu unterstützen.

Die Lernenden als aktive Mitspieler sehen Die Lernenden werden dabei als aktive Mitspieler gesehen, deren Konzepte und Ideen im Unterricht einen wichtigen Platz haben. Im Gegensatz zu früheren (reformpädagogischen) Bemühungen wird dies mit expliziten Kompetenzerwartungen verbunden, um subjektivistischen Verengungen des Lernens vorzubeugen (DRIESCHNER 2008, 568).

Jugendliche sollen Gelegenheit erhalten, die Grundkompetenzen des Faches „in herausfordernden Aufgabenstellungen zu erwerben" (KLIEME 2007, 80 f.). Im Fremdsprachenunterricht bedeutet dies eine Ausrichtung auf authentische kommunikative Situationen und gesellschaftlich relevante Themen und Inhalte. Ziel ist, dass junge Menschen als „verantwortliche Mitglieder der Gesellschaft in der fremden Sprache teilhaben können" (HALLET 2011, 97). Sie sollen lernen, an Diskursen teilzuhaben, die das soziale Zusammenleben bestimmen, die Herausbildung von Institutionen fördern oder politische und ethische Vorstellungen und Denkweisen repräsentieren (ebd.). Die Beherrschung von grammatischen Strukturen oder eines umfangreichen Wortschatzes sind dafür wichtig, letztlich aber nur Mittel zum Zweck: Primäres Bildungsziel ist, in der Fremdsprache eigene Meinungen ausbilden, eigene Standpunkte vertreten und „das eigene Leben meistern" zu können.

1.3 Motive und Motivation

In seinem Kompetenzkonzept hat WEINERT (2001a, 2001b) den Einfluss motivationaler Komponenten auf erfolgreiche Lernprozesse betont. Sind die Jugendlichen davon überzeugt, die nötigen Fähigkeiten zu besitzen, um an sie gestellte Anforderungen bewältigen zu können, werden sie diese eher als positive Herausforderungen erleben. Sie werden sich eher anstrengen, mehr Ressourcen zur Lösung einer Aufgabe aktivieren und auch bei Schwierigkeiten länger an einer Sache dranbleiben. Die bewusste Wahrnehmung der eigenen Leistung stärkt das Erleben von Kompetenz, was weitere Erfolge im Lernprozess wahrscheinlicher werden lässt. Dabei sind grundlegende menschliche Bedürfnisse im Spiel, welche DECI und RYAN (1993) im Rahmen der Selbstbestimmungstheorie beschrieben haben:
1. das Bedürfnis aller Menschen nach Kompetenz und Selbstwirksamkeit,
2. das Bedürfnis nach Selbstbestimmung und
3. das Bedürfnis nach sozialer Integration und Zugehörigkeit.

Erfolgreiches Lernen hat also viel mit der Überzeugung zu tun, aus eigener Kraft etwas bewirken zu können, eigene Entscheidungen fällen zu dürfen und dabei auf Unterstützung aus dem pädagogischen Nahraum zählen zu können.

Lernprozesse sollen deshalb so angelegt werden, dass alle Lernenden mit ihren (manchmal beschränkten) Fähigkeiten die Erfahrung machen, in einem bestimmten Bereich etwas bewirken zu können. Nichts wirkt so motivierend wie der Erfolg, und über anfängliche Erfolge bei einem Thema lassen sich Motive für das Lernen ausbilden, die auch dann noch tragen, wenn die Auseinandersetzung damit hart und schwierig wird. Allerdings treten diese Effekte nur ein, wenn die Jugendlichen sich die Ursachen für ihren Erfolg selbst zuschreiben (HECKHAUSEN 1989). Dies können Lehrkräfte unterstützen, indem sie Arbeiten oder Ideen der Jugendlichen würdigen und ihnen durch lernförderliche Rückmeldungen Wege zur Weiterarbeit aufzeigen. Sie müssen dafür den Blick für die Qualitäten in den Äußerungen und Arbeiten der Schüler schärfen, die eigenen Erfolge erst bewusst machen und ihnen bei Misserfolgen wieder „auf die Beine" helfen.

Erfolge wirken motivierend

Kerngedanke dieser Arbeitsformen ist weniger, hinsichtlich des Motivierungspotenzials verschiedener Materialen zu spekulieren, als verstärkt die individuellen Dispositionen und Motive der Lernenden zum Gegenstand des Unterrichts zu machen, diese sichtbar werden zu lassen und weiteres Lernen systematisch darauf zu beziehen. Durch die Vorgabe bestimmter Unterrichtsgegenstände oder Aufgaben werden Motive angesprochen, die sich im Verlauf der Lerntätigkeit entwickeln und durch entsprechende Organisation der Tätigkeit beeinflusst werden können. Lernende sind erst dann vollwertig für ein Thema motiviert, wenn sie auch für die Tätigkeiten motiviert sind, die im Unterricht notwendig und möglich sind.

Motive für das Lernen schaffen Für den Unterricht bedeutet das, die Aufmerksamkeit der Lernenden auf die eigenen Handlungsverfahren zu lenken, bei ihnen Interesse an der eigenen Entwicklung zu wecken und sie zur Kontrolle und Steuerung der eigenen Lernhandlungen zu befähigen (WINTER/KOCH-PRIEWE 1986, 149). Es bedeutet auch, dass die Schüler nicht nur Anpassungsleistungen erbringen sollen, indem sie ein von der Lehrperson erwartetes Lösungsprozedere antizipieren. Vielmehr sollen sie beim Lernen die Möglichkeit erhalten, Handlungsalternativen abzuwägen, eigene Pläne zu verfolgen und deren Wirksamkeit zu evaluieren. Solche Prozesse stehen im Dienste des Kompetenzerwerbs im engeren Sinn, sind aber auch für die Entwicklung von Lerninteresse entscheidend: Junge Menschen sollen das ganze Spektrum ihrer Fähigkeiten beim Lernen ins Spiel bringen und sich durch Rückschläge nicht entmutigen lassen. Entzieht man ihnen die Kontrolle über ihr Handeln oder greift zu stark in die Steuerung ein, so ist das ein sicheres Mittel zur Demotivation (STARK/MANDL 2000).

1.4 Kompetenzerwerb als dialogischer Prozess

Sprache stellt ein Kommunikationsmittel dar, welches in Prozessen der Partizipation und Interaktion mit anderen erworben wird. Sie existiert als mentales Konstrukt im Kopf einzelner Menschen; sie besteht aber auch im sozialen Raum als Instrument des gemeinsamen Denkens und der Gestaltung von kommunikativen Realitäten. Wenn Lernende gemeinsam und mit Unterstützung von Experten die Lösung eines Problems angehen, dann werden sie dabei höhere Formen geistiger Aktivität entwickeln, wobei eine davon die Sprache ist (VIGOTSKY 1977; LANTOLF/APPEL 2000). Die Art und Weise, wie Interaktion zwischen Lehrkräften und der Klasse, aber auch zwischen Lernenden untereinander stattfindet, stellt deshalb einen entscheidenden Faktor von Unterrichtsqualität dar. Empirische Untersuchungen zeigen, dass im Englischunterricht das Muster *initiation – response – feed-*

back (IRF) weit verbreitet ist: Die Lehrkraft stellt eine Frage, die Lernenden geben eine Antwort und erhalten eine kurze Rückmeldung darauf (ELLIS 1994, 587). Solche Sequenzen sind dem schulischen Lernen teilweise inhärent; prägen sie die Interaktion im Klassenzimmer aber zu stark, schränken sie die Lernenden in ihrer kommunikativen Handlungsfähigkeit ein und verhindern die Entwicklung weitergehender Potenziale.

Im Englischunterricht auf der Sekundarstufe werden im Durchschnitt circa vierzig Fragen pro Lektion gestellt, also durchschnittlich eine pro Minute (KLIEME et al. 2008, 147). Viele davon sind „Pseudofragen", auf die die Lehrkraft die Antwort bereits kennt. Nur bei gut einem Drittel der Fragen ist der Antwortspielraum hoch, meist kommt nur eine sehr enge Auswahl an Antworten infrage. Zudem erfordern viele Fragen keine komplexe und eigenständige Sprachproduktion der Lernenden, sondern sind durch Wiederholung oder Umformung zu lösen. Gleichzeitig unterschätzen Fremdsprachenlehrkräfte ihren Anteil an Sprechzeit im Unterricht zum Teil massiv (ELLIS 1994, 582). *Echter Dialog statt Pseudofragen*

Diese Befunde machen deutlich, dass die Interaktionsmuster im Fremdsprachenunterricht oftmals so strikt und die Kontrolle der Lehrkräfte darüber so stark sind, dass sie ein schülerorientiertes und selbstverantwortetes Lernen behindern können. Kompetenzorientierter Unterricht muss verstärkt mit offenen und referenziellen Fragen arbeiten, was aus Schülersicht bedeutet:

Zeige mir die Ziele, die ich erreichen soll, begleite mich auf dem Weg dahin, spiegle mir zurück, wo ich in meinem Lernprozess stehe, und halte auch aus, wenn ich Nebenwege benutze. Lass mich meine Entscheidungen selber treffen, teile mir aber auch mit, welche Konsequenzen meine Entscheidungen für mich haben können. (BÖNSCH et al. 2010, 44)

Auch *peer interaction* ist dabei wichtig, da beim gemeinsamen Lösen von Aufgaben ein geteiltes Verständnis eines Sachverhalts hergestellt wird. Sprachliche Handlungskompetenzen werden nicht (allein) durch Zuhören erworben, sondern in der Interaktion aktiv hergestellt: „Through saying and reflecting what is said, new knowledge is constructed" (SWAIN 2000, 113). Dies ist vor allem dann wichtig, wenn es um anspruchsvolle Lernaktivitäten wie Begriffsbildung und Problemlösen, nicht einfach um das Einüben isolierter Sprachformen geht. *Peers lernen von- und miteinander*

Zwischen *peers* spielen sich ähnliche Mechanismen des teilnehmenden und ko-konstruktiven Lernens ab, wie sie aus der Interaktion von Experten und Novizen bekannt sind (Donato 1994, 39). Der Erwerb von grammatischen Formen verbessert sich bezüglich Verarbeitungstiefe und Behaltensdauer, wenn Schülerinnen und Schüler ihre Lernstrategien verbalisieren und sich mit anderen darüber austauschen, wie sie eine Aufgabe gelöst haben (Swain 2000, 109). Dies funktioniert allerdings nur innerhalb einer eng vernetzten und gut zusammenarbeitenden Gruppe, wobei sich die *peers* beim Aufbau vom Sprachkompetenzen gegenseitig unterstützen. Dies wiederum muss bei der Konstruktion von Lernaufgaben berücksichtig werden.

Von der Theorie zur Praxis
In den vorhergehenden Abschnitten wurde Weinerts Konzept der Kompetenz auf Befunde aus der Spracherwerbsforschung bezogen. Überlegen Sie sich, was diese Befunde für Sie konkret bedeuten und welche Konsequenzen sich daraus für Ihren Unterricht ergeben.

1.5 Zusammenfassung und Ausblick

Orientierung an transparenten Kompetenzzielen

Lernende müssen die Ziele eines Bildungsgangs oder einer Lerneinheit kennen, um das eigene Lernen planen, steuern und evaluieren zu können. In der Besprechung dieser Kompetenzziele mit der Klasse können Lehrkräfte auch klären, was ihnen an einer Sache wichtig ist, was sie von den Lernenden genau erwarten und an welchen Kriterien ihre Leistungen gemessen werden sollen. Da Kompetenzziele immer stärker in Form von Bildungsstandards in den Unterricht gelangen, die auch mit standardisierten Tests überprüft werden, ergibt sich die Gefahr einer „Verengung": Breit gefächerte Bildungsziele werden pragmatisch danach eingeordnet, wie leicht sie unter den Bedingungen schulischer Praxis operationalisierbar, d. h. prüfbar sind. Um dies zu verhindern, müssen Lehrkräfte selbstständig in der Lage sein, mittels klar definierter Kompetenzziele anspruchsvolle Lernaufgaben zu formulieren, welche die Eigenaktivität und Zusammenarbeit der Jugendlichen fördern.

Themen- und Inhaltsorientierung

Kompetenzorientierter Englischunterricht sollte schwerpunktmäßig anhand von gesellschaftlich relevanten Inhalten und Diskursen erfolgen. Diese sollen in der Erfahrungswelt der Lernenden relevant und gleichzeitig bedeutungshaltig sein, sodass sie sich nicht ohne eigene Verstehensleistung erschließen. Ebenso sollen sie echte Fragen aufwerfen, deren Lösung interaktive Aushandlungsprozesse erfordern und initiieren (HALLET 2011, 97 f.). Gleichzeitig gilt es, „Pseudoprobleme" ebenso zu vermeiden wie triviale, unangemessene oder entmutigende Aufgabenstellungen.

Aufbau auf dem Vorwissen; Heterogenität und Differenzierung

Guter Unterricht setzt beim individuell vorhandenen Vorwissen an und ermöglicht *allen* Lernenden, ihre sprachlichen, intellektuellen, personalen, sozialen und emotionalen Potenziale zu entwickeln. Damit dies gelingt, müssen Lehrkräfte diagnostisch relevante Aufgaben stellen und ihren Blick für die Ideen und Lernpotenziale der jungen Menschen schärfen. Es gilt, den Vorkenntnisstand individueller Schülerinnen und Schüler differenziert zu erfassen und ihnen gangbare Wege der Entwicklung aufzuzeigen. Dies sollte im Bewusstsein geschehen, dass Lernende oft hochgradig heterogene Zugänge zu einem Thema entwickeln, die von individuellen Interessen, Strategien und Motiven geprägt sind. Diese dürfen nicht zugedeckt, sondern müssen explizit gemacht und in den Kompetenzaufbau einbezogen werden.

Um mit dieser Aufgabe nicht überfordert zu sein, müssen Lehrkräfte entsprechende Arbeitsformen in einem geschützten Rahmen kennenlernen und positive Erfahrungen damit machen können.

Handlungsorientierung und erweiterte Aufgabenkultur

Gute Lernaufgaben sollen Situationen schaffen, in denen die jungen Menschen mit systematischer Unterstützung von Lernpartnern komplexe Kompetenzziele verfolgen können. An die Stelle einer engmaschig kontrollierenden Didaktik, die dem Prinzip der Linearität vom Einfachen zum Komplexen folgt, geht es um eine „Topologie des Lernens, die Trassen, Orte, Pfade, GERüste anbietet" (BÖNSCH et al. 2010, 13). Solche Lernaufgaben sollen holistisch angelegt sein, d. h. die Entwicklung und Integration vielfältiger Sprachfertigkeiten fördern: Neben kommunikativen Kompetenzen sind auch Fähigkeiten der multimedialen Kommunikation, der Sprachmittlung und der interkulturellen Kompetenz zentral (HALLET/KRÄMER 2012, 8). Gute Lernaufgaben müssen dafür sowohl Wege zum Aufbau solcher Kompetenzen sowie erforderliche Lernaktivitäten im Sinne von Arbeits- und Sozialformen angeben (KIPER 2010, 51).

Gute Erklärungen, gezieltes Üben

Der Erwerb von sprachlicher Handlungskompetenz bedingt sinnvolles Üben zur Sicherung und Automatisierung von Wissen. Viel stärker als bei der Erstsprache kann der Erwerb weiterer Sprachen durch kognitives Lernen und Memorisieren gesteuert sowie durch gute Erklärungen beschleunigt werden. Kompetenzorientierter Unterricht ist deshalb auch auf hochwertige Wissensvermittlung angewiesen, besonders in Kompetenzfeldern, die die Anwendung kognitiver Regeln bedingen (z. B. gewisse Bereiche der Grammatik) oder von Memorisierungsleistungen abhängen (Erwerb von Vokabular oder idiomatischen Wendungen).

Vermitteln und Erklären sind dabei nie Selbstzweck, sondern sollen den Lernenden jene *tools* an die Hand geben, die sie brauchen, um selbst kommunikativ erfolgreich zu handeln.

Erweiterte Leistungsbeurteilung

Der Fokus auf den Output (d. h. auf das, was die Schülerinnen und Schüler tatsächlich *können*) bedeutet auch eine verstärkte Ergebnisorientierung des Lernens, was eine kriterienorientierte Beurteilung mit sich bringt. Diese bedingt eine Weiterentwicklung der Evaluationsaufgaben und Beurteilungsinstrumente, mit denen die Lernerfolge (oder Misserfolge) der Jugendlichen dokumentiert und bewertet werden.

Das Konzept der sprachlichen Handlungskompetenz umfasst neben sprachlich-formalen Fähigkeiten auch motivationale und soziale Kompetenzen sowie persönliche Einstellungen und Werthaltungen. All dies sind wertvolle Bildungsziele, sie gehen aber weit über das hinaus, was in traditionellen Prüfungen oder Klassenarbeiten erfasst wird. Zum kompetenzorientierten Unterricht gehören deshalb auch erweiterte Verfahren der Leistungsbeurteilung, die ein breites Spektrum von Kompetenzen im kognitiven, personalen, motivationalen und sozialen Bereich dokumentieren können. Gleichzeitig gilt es, die Reduktion von Unterricht auf das zu vermeiden, was standardisierte Testverfahren zu erfassen vermögen. Eine solche Engführung der Leistungsbewertung würde die Gefahr einer Behinderung und Entmutigung innovativer didaktischer Ansätze bergen.

Writing a Letter

Im Folgenden wird eine authentische Lerneinheit dargestellt, an der die vorher dargestellten Grundlagen kompetenzorientierten Unterrichts konkret illustriert werden (Realschule Deutschland, 8. Klasse; ca. 12 Unterrichtsstunden). Einerseits sollen so die zuvor genannten Eckpunkte veranschaulicht, andererseits Vorausblicke auf zentrale Themen dieses Buchs ermöglicht werden. Die Darstellung der Einheit erfolgt chronologisch von der Unterrichtsplanung über die Durchführung hin zur Leistungsbeurteilung und Evaluation.

Die Lehrperson war Schwester Anna Maria Walser von der Mädchenschule St. GERtrudis in Ellwangen. Sie entwickelte die Einheit im Rahmen eines Austauschtreffens gemeinsam mit Fachkolleginnen und -kollegen, wobei anfänglich auch der Autor dieses Buchs beteiligt war (Austauschtreffen zum Dialogischen Lernen im September 2007 an der Universität Zürich). Ziel dabei war es, den Lernenden anspruchsvolles und selbstständiges Lernen und Kommunizieren in der Fremdsprache zu ermöglichen und gleichzeitig zentrale Fachziele des Englischunterrichts zu erreichen.

Die erste Herausforderung war, ein Thema zu finden, welches die Umsetzung zentraler Kompetenzziele des Englischunterrichts ermöglichte und den Lernenden gleichzeitig Gelegenheit gab, ihre persönlichen Anliegen, Interessen und Fähigkeiten weiterzuentwickeln. Es musste also geklärt werden, was bei der Einheit genau herauskommen sollte, welche Produkte die Lernenden dabei erstellen und wie diese beurteilt werden sollten. Außerdem mussten Aufgaben formuliert und Materialien bereitgestellt werden, an denen die Jugendlichen die angezielten Kompetenzen tatsächlich erwerben konnten.

Ein faszinierendes Thema wählen

> **Kooperative Unterrichtsentwicklung**
> Welche Erfahrung mit kooperativer Unterrichtsvorbereitung und -durchführung haben Sie?
> Gibt es Menschen an Ihrer Schule, mit denen Sie gerne zusammenarbeiten würden? Warum (nicht)?
> Gibt es Unterstützungssysteme an Ihrer Schule, die Sie nutzen können (Projekte zur Schulentwicklung, kollegiale Intervision, Weiterbildungen o. Ä.)?

Um sich nicht zu überfordern, leistete Frau Walser die wesentliche Planungsarbeit in Kooperation mit einer Gruppe von Fachkolleginnen und -kollegen: Die Einheit wurde gemeinsam geplant, die konkreten Ergebnisse wurden ein Jahr später bei einem erneuten Treffen präsentiert und diskutiert. Die anderen Mitglieder der Gruppe hatten so die Möglichkeit, die Einheit anzupassen und in ihren eigenen Klassen zu verwenden.

Aufgrund langjähriger Erfahrung in der Aus- und Weiterbildung von Lehrpersonen wird hier der Wert solcher kooperativer Unterrichtsentwicklung ausdrücklich betont. Wer allein zu neuen Ufern aufbricht, überfordert sich leicht. Auch Projekte, die mit viel Enthusiasmus begonnen werden, enden rasch im Frust, wenn sich die erwarteten Resultate nicht einstellen oder einem die Arbeit über den Kopf wächst. Gleichzeitig bietet die Zusammenarbeit mit Fachkolleginnen und -kollegen die Möglichkeit, Probleme früh zu erkennen, gemeinsam Lösungskonzepte zu entwickeln und sich gegenseitig zu unterstützen.

2.1 Unterricht an Kompetenzzielen planen

Auf der Suche nach einem geeigneten Thema wurde zunächst eine Bedarfsanalyse *(needs analysis)* erstellt, wobei sowohl die gegenwärtige wie auch die zukünftige Situation der Lernenden einbezogen wurde: Was können die Lernenden bereits? Auf welches Vorwissen kann man aufbauen? Mit welchen kommunikativen Situationen, aber auch Arbeitsmethoden sind sie vertraut (rückblickende Analyse)? Und: Welche Kompetenzen müssen sie noch entwickeln? Was sollen sie später können? In welchen Kontexten sollen sie die Fremdsprache später verwenden (vorausblickende Analyse)?

Diese Abklärung zeigte, dass Frau Walser mit ihrer Klasse das Schreiben ins Zentrum stellen wollte, da dazu in der Klasse noch nicht viel gearbeitet worden war. Gleichzeitig stellt Schreiben im Bildungsplan des Landes Baden-Württemberg (8. Schuljahr) auch eine wichtige Kompetenz dar:

Die Schülerinnen und Schüler können:

- Sachverhalte aus ihrem Erfahrungshorizont [...] weitgehend strukturiert, formal, orthografisch und sprachlich richtig verfassen;
- vielfältige Textsorten ([...] sachbezogenes Schreiben, E-Mail) nach Vorgaben adressaten-, situations- und wirkungsgerecht strukturiert in einfacher Form und weitgehend sprachlich korrekt verfassen;
- auf spielerische und kreative Weise Texte verfassen und gestalten.

Bildungsplan Realschule Baden-Württemberg

Aufgrund der hohen Relevanz des betreffenden Themas wurde das Genre „Briefe schreiben" gewählt. In der Gruppe wurde dieses weiter präzisiert, um einen Bezug zum Erfahrungshorizont der Lernenden herzustellen und ihnen auch kreative und spielerische Zugänge zu erlauben. Die Schülerinnen sollten die konkrete Situation an der Schule zum Anlass nehmen, um Bittbriefe an verschiedene Adressaten zu schreiben und darin persönliche Anliegen zu thematisieren, welche die Arbeit im Englischunterricht wie auch an der Schule allgemein betrafen. Bei den konkreten Inhalten wurden keine Vorgaben gemacht; die Briefe sollten jedoch strategisch in einer Weise strukturiert und formuliert sein, welche die Erfüllung des jeweiligen Anliegens so wahrscheinlich wie möglich machte. Ziel war, sowohl englische Schreibkompetenzen zu fördern wie auch den Austausch im Klassenzimmer zu verbessern und wichtige Anliegen konstruktiv anzugehen. Die Briefe sollten eine echte kommunikative Funktion haben, d. h., die Lernenden sollten deren Wirkung im eigenen Erfahrungsumfeld unmittelbar erleben können.

Diesen Überlegungen folgend wurden für die Lerneinheit *Writing a Letter* folgende Kompetenzziele definiert:

Die Schülerinnen sollen lernen:

1. Briefe und E-Mails zu schreiben und dabei persönlich bedeutsame Anliegen auszudrücken;
2. die Fremdsprache adressaten-, situations- und wirkungsgerecht strukturiert und sprachlich weitgehend korrekt zu verwenden;
3. grammatikalische und lexikalische Ausdrucksmittel zu verwenden, welche beim Genre „Brief" besonders wichtig sind (Modalverben, conditionals, Frageformen und linking words);
4. die Eigenschaften von *formal* und *informal letters* zu kennen und dieses Wissen selbstständig anzuwenden;
5. das eigene Schreiben zu planen, zu überwachen und zu reflektieren (Überarbeitung der eigenen Texte);
6. verständnisvoll miteinander umzugehen und vertrauensvoll zusammenzuarbeiten;
7. sorgfältig und fleißig zu arbeiten und Vereinbarungen einzuhalten.

Klare Kompetenzziele unterstützen das Lernen

Anhand solcher Kompetenzziele können auch die Lernenden eine klare Vorstellung davon gewinnen, welche Fähigkeiten in einer Unterrichtseinheit erworben und an welchen Kriterien sie beurteilt werden sollen. Sie erhalten auch Orientierungspunkte, um ihr Lernen selbst zu steuern und zu reflektieren: Wo stehe ich? Was kann ich schon? Was muss ich noch lernen?

Verschiedene Fähigkeiten integrieren

Beim vorliegenden Beispiel fällt auf, dass die Ziele auf unterschiedlichen Ebenen liegen: Erstens handelt es sich um linguistisch-formale Kompetenzen (Textsortenkenntnis, Grammatik, Vokabular), zweitens um strategische und pragmatische Kompetenzen (adressatenorientiertes Schreiben) und drittens um personale und soziale Einstellungen (überarbeiten und verbessern, mit *peers* zusammenarbeiten). Es geht also hier nicht um den isolierten Erwerb einzelner Teilfähigkeiten, sondern um die Integration unterschiedlicher Wissens- und Könnensressourcen.

2.2 Lernaufgaben

Gute Lernaufgaben geben vor, welchen Fragen sich Lehrkräfte und Lernende im Klassenzimmer zuwenden, welche Interaktionsformen dabei verwendet werden und welche Resultate herauskommen sollen. Diese lauteten hier:

AUFGABE

1. Schreibe eine SMS an eine gute Freundin, in der du sie um etwas persönlich Bedeutsames bittest.
2. Schreibe eine E-Mail an deine Lehrerin, in der du sie um etwas persönlich Bedeutsames bittest.
3. Schreibe einen Brief an die Schulleiterin, in dem du sie um etwas persönlich Bedeutsames bittest.

Die Aufgabenserie macht sich die Tatsache zunutze, dass Briefe als Textsorte in hohem Maße adressatenbezogen sind. Die darin verwendete Sprache hängt maßgeblich von den Adressaten, den Inhalten und dem Medium ab. In einer SMS kann man eine Freundin mit einfachen Worten um einen

Gefallen bitten. Ist die Adressatin sozial höher gestellt oder der schreibenden Person weniger gut bekannt, muss für das gleiche Resultat ein beträchtlich größerer sprachlicher Aufwand betrieben werden (komplexere Grammatik, differenzierter Wortschatz usw.). Am deutlichsten wird dies beim *formal letter*: Hier müssen die persönlichen Anliegen geschickt mit den sprachlichen Konventionen dieses Genres verknüpft werden. Wir haben es hier also mit einer Situation zu tun, die sich zunehmend „grammatikalisiert" und damit laufend höhere Anforderungen an die Schreibkompetenzen der Jugendlichen stellt (THORNBURY 2005a, 21). So sollen sie an die Grenzen ihrer Handlungsfähigkeit geführt werden und es sollen gleichzeitig Motive geschaffen werden, um diese Grenzen zu erweitern und neue Werkzeuge zur Umsetzung der eigenen Anliegen zu erwerben. Um die Lernenden anfänglich nicht zu überfordern, wurde von Medien ausgegangen, die ihnen aus dem Alltag vertraut sind (SMS, E-Mails).

Gute Aufgaben geben Orientierung für das Lernen, ohne es einzuschränken

Aufgabe 1 soll einen Einstieg ins Thema bieten und *allen* Schülerinnen und Schülern ermöglichen, auf der Basis des eigenen Vorwissens erfolgreich zu kommunizieren. Damit verbindet sich auch eine lerndiagnostische Funktion: Die Lehrkraft kann erschließen, über welche Fähigkeiten und Konzepte die Lernenden bereits verfügen und wo noch Entwicklungen nötig sind. Aufgabe 2 soll primär den Erwerb neuer und erweiterter Sprachfähigkeiten anregen. Die Lernenden werden dabei durch Mustertexte sowie Grammatik- und Vokabularübungen unterstützt. Aufgabe 3 hat zusätzlich den Charakter einer Evaluationsaufgabe, da der Brief an die Schulleiterin separat beurteilt wird. Hier sollen die Lernenden zeigen, über welche Kompetenzen sie am Ende der Einheit verfügen und ob sie damit fachlichen Normen genügen können.

Aufgaben entwerfen und analysieren
Welche Arten von Aufgaben setzen Sie in Ihrem Unterricht ein (z. B. Lernaufgaben, Übungsaufgaben, Evaluationsaufgaben)? Welche Funktionen sollen diese verschiedenen Aufgabentypen erfüllen? Womit haben Sie am meisten Erfahrung?

2.3 Vorwissen aktivieren und erweitern

Aufgabe 1 sollte den kommunikativen Austausch zum Thema anleiten und die persönliche Reflexion der Lernenden darüber initiieren. Auch sollte sie das Vorwissen der Lernenden explizit machen und ihnen von Anfang an ermöglichen, die Wirkung ihrer Texte und Bitten auf einen echten Adressaten zu erfahren.

Auf dem Vorwissen aufbauen

Teilauftrag 1:

Schreibe eine englische SMS an eine gute Freundin in der Klasse, in der du sie um einen Gefallen bittest (z. B. etwas ausleihen, eine ungeliebte Aufgabe übernehmen). Formuliere deine Bitte so, dass die Empfängerin sie (vermutlich) akzeptieren wird. Versuche kreativ mit der Sprache umzugehen; wenn dabei Fehler passieren, ist das nicht so schlimm.

Teilauftrag 2:

Schreibe die SMS, die du bekommen hast, auf ein Blatt. Halte dann deine Reaktion fest, deine Gedanken und Gefühle: Wie wirkt die Bitte auf dich? Willst du tun, was die Schreibende will? Warum? Warum nicht?

Schreibe noch deine Antwort auf das Blatt und verschicke diese wiederum als SMS.

Der folgende Text stammt aus dem Lernjournal der Schülerin Sabine. Sie hat darin die SMS ihrer Freundin Nicole notiert und ihre Antwort darauf festgehalten:

> Dear Sabine, I've got a big question. It's not easy to ask you, but can I lend your favorit CD. Because, my Mum would like to hear this song and if I don't give it to her she would kill me. Please can you lend me for one day. Thx Nicky

> Dear Nicole, I got your SMS and of course you can get it. I will bring the CD on Monday afternoon. I hope this time is OK. And I needn't the CD this week, so your mum can listen to the CD the whole week. Have fun with the songs. See you. Love, Sabine

Von den Mit-
schülern lernen

Nachdem die Lernenden einander die SMS geschickt und diese in ihren Lernjournalen notiert hatten, gaben sie sich gegenseitig Rückmeldungen dazu und analysierten, wie andere die Aufgabe gelöst hatten (Teilauftrag 2). Die Lehrperson hielt sich in dieser Phase mit Instruktionen bewusst zurück und schuf einen Entwicklungsraum, in dem die Lernenden mit ihren Anliegen zu Wort kommen und die Wirkung ihrer Texte auf andere erfahren konnten. Sie war aber nicht untätig, las ebenfalls in den einzelnen Lernjournalen, beantwortete Fragen einzelner Schülerinnen und bot gezielte Hilfestellungen an. Sie erhielt dabei wertvolle Einsichten in das Vorwissen der Jugendlichen und gewann Anhaltspunkte, worauf sie im weiteren Unterrichtsverlauf besonders achten musste.

> Vorwissen analysieren, Unterricht adaptiv gestalten
> Welche Qualitäten erkennen Sie in den kurzen Texten von Nicole und Sabine? Erkennen Sie auch Bereiche, in denen weitere Entwicklungen oder zusätzlicher INPut nötig sind?

Da diese Schülertexte kurz und unspektakulär sind, bieten sie eine gute Grundlage, um den „lerndiagnostischen Blick" daran zu schärfen. Nicole *Den diagnostischen Blick schärfen* verfügt zwar erst über ein beschränktes Repertoire an Sprachformen, setzt dieses aber strategisch klug ein (z. B. Frage mit *have got*). Indem sie ihre Bitte explizit ankündigt, zeigt sie an, dass es ihr nicht leichtfällt, der Freundin ihr Ansinnen „zuzumuten". Diese soll milde gestimmt und die Wahrscheinlichkeit für eine Zustimmung erhöht werden. Als wahren Grund gibt sie ihre Mutter an, „externalisiert" also ihre eigene Bitte und stellt sich selber in den Hintergrund. Dies entspricht einer in vielen Sprachen verbreiteten Höflichkeitsstrategie (BROWN/LEVINSON 1994, 187 ff.). Abkürzungen wie *Thx* sind bei SMS ein effizientes und verbreitetes Kommunikationsmittel. Der Text enthält also eine Reihe von Erfolg versprechenden Ideen und Konzepten, die explizit gemacht und zu Schreibstrategien entwickelt werden können. Gleichzeitig wird der Bedarf nach einer Erweiterung des themenspezifischen Wortschatzes sichtbar *(*can I lend your CD)*.

Sabine gelingt es in ihrer Antwort, auf die angesprochenen Punkte in Nicoles Bitte der Reihe nach einzugehen; sie findet einen angemessenen Anfang und ein freundliches Ende für ihre SMS. Bei der Negation von *need* geschieht ein interessanter Fehler, der darauf hindeutet, dass der Fokus auf Frageformen und Modalverben gut gewählt und nötig ist (vgl. Kompetenzziele, S. 19).

Das Aufsuchen solcher diagnostischer Information ist nicht einfach und setzt geeignete Arbeitsformen sowie ein genuines Interesse an den Konzepten der Lernenden voraus. Indem sich die Lehrperson in dieser Phase auf die Rolle der Beobachterin konzentrierte, wurden pädagogische Energien frei, die sie im Bereich der Lernförderung und adaptiven Unterrichtsgestaltung wieder einsetzen konnte.

2.4 Fachkompetenzen aufbauen

In der nächsten Phase arbeiteten die Lernenden mit Modellen, Mustern und Expertenlösungen der Genres Bittbriefe und *formal letters*. Durch gezielte Instruktionen und Übungen unterstützte die Lehrperson diesen Prozess zusätzlich. Am Anfang dieser Phase stand wiederum ein Schreibauftrag:

AUFGABE

Schreibe eine E-Mail an deine Lehrerin, in der du sie um etwas bittest, das dir persönlich wichtig ist (z. B. einen Test verschieben, Hausaufgaben erst nächste Woche erledigen oder keinen Test mehr in der letzten Woche vor Weihnachten schreiben).

Natürlich kannst du der Lehrerin nicht im gleichen Stil schreiben wie der Freundin in der SMS. Was musst du anders machen? Welche Sprachmittel aus der ersten Aufgabe kannst du hier wiederverwenden, welche nicht?

Qualitäten suchen

Die Lernenden schrieben diese Mail als Hausaufgabe und erhielten dazu von der Lehrkraft ein kurzes Feedback (mündlich und mit „Häklein", siehe S. 25). Zusätzlich griff diese mit fachlich geschultem und pädagogisch wohlwollendem Blick den Text einer Schülerin als gutes Beispiel heraus und besprach ihn mit der ganzen Klasse. Dadurch schuf sie eine Brücke zwischen dem Vorwissen der Lernenden und dem zu erwerbenden Fachwissen und machte gleichzeitig explizit, welche guten Ansätze dazu bereits vorhanden waren (RUF/GALLIN 2005a, 24). Ziel dieser Arbeit war es, gelungene Passagen hervorzuheben, Qualitäten zu benennen und *tools* zur Bewältigung der Schreibsituation zu entwickeln.

In der folgenden Abbildung sind die Mail der Schülerin Julia sowie Sabines Notizen dazu zu sehen. Dabei fällt auf, dass Julia die grundlegenden Konventionen von E-Mails einhält (Anrede, Mittelteil, Schluss) und ihr Anliegen raffiniert aufbaut. Sie beginnt direkt mit ihrer Bitte, welche sie konkret begründet. Sie macht auch konkrete Vorschläge zur Umsetzung, wobei sie ein sprachliches Risiko eingeht und unterschiedliche Typen von *conditionals* verwendet. Dadurch wirkt der Text sowohl höflich wie überzeugend. Besonders gelungen ist der Schluss, wobei sie die Lehrperson freundlich zum Überdenken ihrer Position auffordert.

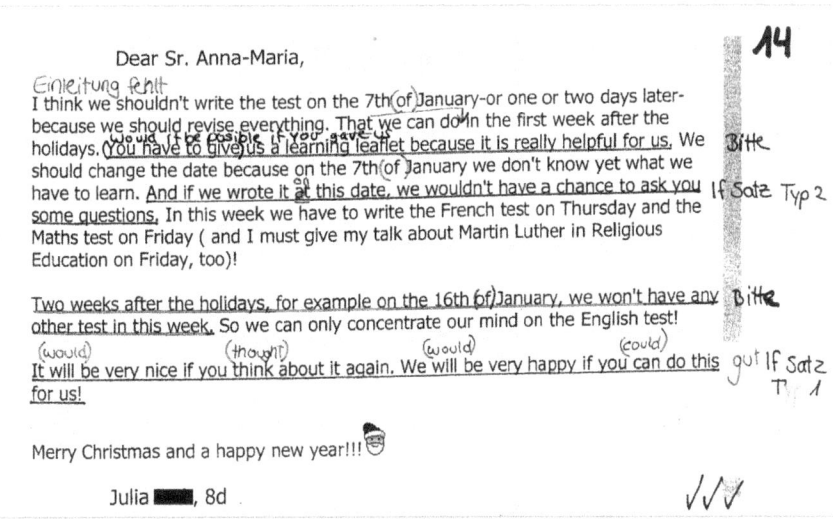

E-Mail von Julia, Notizen von Sabine, Auszug aus dem Lernjournal von Sabine, Projekt Writing a Letter

Qualitäten sehen, Kompetenzen entwickeln
Blenden Sie die handschriftlichen Kommentare zunächst aus: Welche Kompetenzen enthält Julias E-Mail und wo sind weitere Entwicklungen nötig?
Schauen Sie sich nun Sabines Notizen zu Julias Mail an: Welche Aspekte wurden in der Besprechung mit der Klasse hervorgehoben?

Die Besprechung von Schülertexten mit der ganzen Klasse setzt ein Klima des Vertrauens, der Offenheit und der gegenseitigen Wertschätzung voraus. Durch die „Häklein" drückte die Lehrperson aus, dass sie Julias Text für besonders gelungen hielt. Die kritische Diskussion diente der Entwicklung fachlicher Handlungskompetenz und erfolgte unter der Prämisse, dass hier jemand einen wertvollen Beitrag geleistet hatte.

Die Besprechung drehte sich zunächst um die Textstruktur: Die Lehrperson arbeitete mit der Klasse heraus, dass der Abschluss besonders gut gelungen war, der Anfang aber noch verbessert werden musste. Dies ist an den Randbemerkungen „gut" und „Einleitung fehlt" zu erkennen, welche Sabine in dieser Arbeitsphase einfügte. Auf sprachlich-formaler Ebene traten *conditionals* in den Fokus, wobei die Lehrperson Fachvokabular einführte und mit der Klasse ein systematisches Verständnis für dieses Grammatikthema aufzubauen begann. Dieses wurde unterstützt durch Sprachübungen zum gleichen Thema.

Da es nicht bloß um den Aufbau von Sprachkompetenzen, sondern auch um einen echten Austausch aller Beteiligten ging, schrieb die Lehrperson der ganzen Klasse auch eine E-Mail, in der sie auf die wichtigsten Anliegen einging:

Ellwangen, 29th January, 2008

Dear young ladies of class 8d,

I thank you for giving me a feedback about your wishes for the next term. I want to try to fulfil as much as possible.
We can fix a special day for writing the vocabulary tests. I wanted to help you to learn your words every day, but obviously that's too stressful for many of you. So let's choose one day. I'll try to come to the lessons as soon as possible, but it isn't always easy, because I've been in another building before and don't take the elevator, only on Wednesday. You could take your break before the lesson. If that isn't possible for you, I'll try to finish the lesson punctually so that you have the full length of your break.
Than the next item: sending pupils out of the classroom. You should believe me that I hate doing that. But sometimes it's not very nice for me as your teacher to see, that girls are doing other things, talking , disturbing , ... Maybe we can find another solution.

Before I finish this letter I have some requests, too. Could you be in the classroom when the lesson starts? That would be very helpful and save time. It would also be very king if you sat on your chairs and had your English materials prepared for the lesson. And the last suggestion from my side: Could we stop all talks when I'm there and start the lesson immediately?
I thank you for listening to me and hope we'll come to a good cooperation in the next term.
I wish you all the best for the next months,

Yours sincerely,

Sr. Anna Maria

E-Mail von Frau Walser an ihre Klasse, Projekt Writing a Letter

Lernen vom Expertenmuster
Wie ging die Lehrperson auf die Anliegen ihrer Schülerinnen ein und welche Sprache verwendete sie dabei?
Welche Funktionen kann dieser Brief im Klassenzimmer haben? Was können die Jugendlichen dabei lernen?

Frau Walser ging verständnisvoll mit den Anliegen der Lernenden um, nahm zu ihrem Umgang mit störenden Schülerinnen Stellung und beschrieb ihre Gefühle dabei. Sie zeigte sich offen für Veränderungen, formulierte aber auch eigene Bitten und blieb dabei sachlich und freundlich. Ihr Text ist mustergültig strukturiert und enthält viel sprachliches Material, welches die Lernenden in ihren eigenen Texten wiederverwenden konnten (z. B. Vokabular wie *vocabulary tests, stressful, take a break, the full length of the break* usw.). Zudem finden sich typische Wendungen von *formal letters* (*I thank you for ..., before I finish this letter ... , I wish you all the best ...* usw.). Trotz einiger GERmanismen (**stop all talks, *come to a good cooperation*) hat diese Mail Vorteile gegenüber perfekt konstruierten Lehrbuchtexten: Sie richtet sich direkt an die Lernenden, geht auf deren Bedürfnisse ein und zeigt ihnen, dass ihre Anliegen im Klassenzimmer ernst genommen und respektiert werden.

Zusätzlich legte die Lehrkraft ihren Lernenden auch weitere Beispiele von *formal* und *informal letters* aus dem Lehrbuch vor und forderte sie auf, darin verwendete Sprachmittel zu analysieren. Sie sollten daraus eine Liste (*toolbox*) zusammenstellen, sich die Wirkungsweise der einzelnen Ausdrücke und Strukturen klarmachen und nach Parallelen und Unterschieden zur Muttersprache suchen.

Muster und Vorlagen selber analysieren

In ihrer Darstellung hat Sabine spezifische Merkmale von *formal* und *informal letters* auf der Ebene konkreter Sprachformen festgehalten. Dazu hat sie ein eigenes Darstellungsformat gewählt, welches das rasche Auffinden der Information in Zukunft erleichtern soll: In der linken Spalte hat sie Funktionen oder Aspekte verschiedener Brieftypen aufgelistet, in der mittleren und rechten an konkreten Beispielen dargestellt, wie sich *formal* und *informal letters* genau unterscheiden. Diese Systematisierung des Gelernten soll dabei helfen, das neue Wissen im nächsten Auftrag wieder abzurufen und produktiv anwenden zu können.

Name		Klasse	Datum		Seite
Sabine ■■■		8d	28.1.08		Blatt

Task ⑥

	informal letter	formal letter
Beginning	Hi, Hello	Dear Sir or. Madam Dear Mr. / Mrs. ...
Saying why you're writing	I want to ask you... I want to know...	I would like to tell you about...
Thanking	Thanks for, Thanks	Thank you for... (-ing)
Saying you're sorry	Sorry but	I'm sorry... I'm really sorry, but...

Toolbox *mit sprachlichen Handlungsmitteln zum Schreiben von* formal *und* informal letters, *Ausschnitt aus dem Lernjournal von Sabine, Projekt* Writing a Letter

Hätte die Lehrperson diese Arbeit selbst übernommen und die Liste einfach ausgeteilt, hätte sie zwar Zeit gespart, der Klasse aber eine wertvolle Gelegenheit zum Kompetenzaufbau vorenthalten.

2.5 Vor der Norm bestehen

Bei der letzten Schreibaufgabe in dieser Einheit sollten die Lernenden jene Kompetenzen, die sie zuvor erworben hatten, in einer wirkungsvollen Mischung aktivieren und damit einen anspruchsvollen Text verfassen. Das folgende Beispiel stammt wiederum von Sabine. Sie schrieb diesen Text nicht in einem Anlauf, sondern verfasste zuerst einen Entwurf, überarbeitete diesen mit den ihr zur Verfügungen stehenden Hilfsmitteln (*toolbox*, *Musterbriefe* usw.) und konnte dabei auch auf die Unterstützung der Lehrperson zählen.

January 30th, 2008

Dear Sr. Birgit,

My name is Sabine ████, I'm a girl at your school and I go in class 8d. At present we learn in English how we have to write letters. And that's why I write to you. I've got a request to you: I would like to discuss with you about the schooltrips. It's very good that we can go to London or France. But I think it would be better, if we could go to some more trips. For example hiking- or wintertrips. Because we've got less trips and we need more change to learn better at school. So please would you organize a trip for us. I think my class and the whole school would be very happy, if you fulfilled us this request. Maybe you can think about it.
I look forward to hearing from you soon.

Yours sincerely, Sabine ████ 8d

Schlussbrief von Sabine an die Schulleiterin, Projekt Writing a Letter

Leistung sehen, Leistung beurteilen
Welche Kompetenzziele dieser Einheit erfüllt der Text? Welche nicht? (vgl. S. 19)
In welchen Bereichen hat sich Sabine verbessert (verglichen mit ihrer ersten kurzen Antwort auf Nicoles SMS, S. 22)?

Der „Abschlussbrief" von Sabine zeigt, wie sie die Konventionen des *formal letter* nutzt, um ihrem Anliegen Nachdruck zu verleihen. Am Anfang und am Ende bedient sie sich nötiger Sprachformeln, im Mittelteil setzt sie ihren Kernpunkt geschickt um und verwendet dazu geeignete Grammatikstrukturen (z. B. *conditionals: it would be better if we could go to some more trips).* Durch die Verwendung verschiedener Modalverben *(would you organize, could you think about it)* wirkt sie überzeugend, ohne hart oder fordernd aufzutreten. In diesem Text gelingt es der Schülerin, die Fremdsprache adressaten- und wirkungsgerecht sowie korrekt anzuwenden (Kompetenzziel 2, S. 19); die grammatikalischen und lexikalischen Ausdrucksmittel sind angemessen (Ziel 3), sie kann einen *formal letter* schreiben (Ziel 4) und darin ein persönlich bedeutsames Anliegen ausdrücken (Ziel 1).

Die eingangs formulierten Kompetenzziele lassen sich anhand der Schlussbriefe differenziert erfassen. Es bleibt die Frage, ob die Lehrperson nicht einfach ihre eigene pädagogische Arbeit bewertete, da sie die Lernenden ja während der ganzen Schreibarbeit durch Rückmeldungen und individuelle Hilfen unterstützte. Da Überarbeitungen und der Einbezug von Hilfen aber Merkmale von Schreibprozessen (und von guten Lernprozessen allgemein) sind, war die gewählte Beurteilungsform in hohem Maße angemessen. Um die Vergleichbarkeit zu erhöhen, könnten die sprachlich-formalen Kompetenzaspekte später noch einmal gesondert überprüft werden (z. B. in einer Klassenarbeit) oder die Jugendlichen könnten in Einzelarbeit und mit Zeitbeschränkung nochmals einen Brief schreiben.

2.6 Portfolio

Da die Kompetenzziele weit über formal-sprachliche Fähigkeiten hinausgingen, wurde ein Portfolio als Mittel zur Lernbegleitung und Leistungsbeurteilung eingesetzt. Damit ließ sich auch gezielt erfassen, welche personalen, sozialen und motivationalen Aspekte der Handlungskompetenz die Lernenden erworben hatten (vgl. Kompetenzziele 5 bis 7, S. 19). Die Zusammenstellung des Portfolios wurde mit folgendem Arbeitsauftrag eingeleitet:

Auftrag: Portfolio erstellen

Gehe dein Lernjournal durch und wähle daraus all jene Dokumente aus, die in deinem Lernprozess wichtig waren und die zeigen, was du bei dieser Einheit gelernt hast.

Lege in einem einführenden Text (auf Deutsch) dar, wie du im Projekt gearbeitet und was du dabei gelernt hast. Du kannst auf folgende Punkte Bezug nehmen:
• Ein Text, auf den ich besonders stolz bin ...
• Etwas, das mir schwer fiel ...
• Was ich bei dieser Arbeit gelernt habe ...
• Worauf ich in Zukunft achten muss ...
Nummeriere alle Texte, fertige ein Inhaltsverzeichnis und ein Deckblatt an, und dein Portfolio ist fertig!

Der Einsatz eines Portfolios war natürlich von Anfang an geplant und der Klasse auch mitgeteilt worden. Die Schülerinnen sammelten deshalb alle Dokumente und Zwischenprodukte des Lernens und legten ein Lernjournal an, aus dem durch bewusstes Auswählen am Ende ein Portfolio entstehen konnte. Ziel dieser Arbeit war es, ein detailliertes und breit gefächertes Bild der Kompetenzentwicklung von Lernenden entstehen zu lassen, wobei neben den *Produkten* auch die *Prozesse* des Lernens Beachtung fanden. Die Jugendlichen konnten dabei zeigen, wie sie an diesem Thema gearbeitet hatten, welche Kompetenzen sie erworben hatten und welche Arbeiten in Zukunft noch anstanden. Da die Portfolios auch Rückmeldungen und Kommentare von anderen Schülerinnen enthielten, ließ sich abschätzen, ob und wie sie mit anderen zusammengearbeitet hatten.

Kompetenzentwicklung im Portfolio dokumentieren

Auch der reflexive Aspekt des Lernens ist bei der Portfolioarbeit – und beim kompetenzorientierten Lernen insgesamt – zentral: Über fachliche Handlungskompetenz zu verfügen heißt, sich zu einem Gegenstand in ein reflektiertes Verhältnis setzen und dabei auf eigenen Füßen stehen zu können. Diese zentrale Dimension von Leistung wird im Schulalltag manchmal vergessen. Sie lässt sich auch in einem Unterricht nicht fördern, bei dem die Lernenden einen gewissen Stoff einfach reproduzieren sollen. Erst wenn Lernsituationen geschaffen werden, die Handlungsalternativen bieten und eigene Entscheidungen einfordern, machen Lernreflexionen wie die folgende Sinn:

Die Mustermails, die wir später dann bekamen, halfen mir sehr viel und aus diesen habe ich auch viel gelernt z. B., das man zuerst eine kurze Einleitung schreiben soll und erst dann die Bitte äussern soll. Aus den Fehlern der anderen konnte ich auf [sic.] viel lernen, denn was man einmal falsch gemacht, passiert einem so schnell nicht wieder. Der letzte Brief an die Schulleitung ist mir nicht so gut gelungen, weil ich keine guten Begründungen fand. Aber auf den verbesserten Brief bin ich sehr stolz, weil ich denke dieser ist inhaltlich viel besser.

Lernreflexion aus dem Portfolio von Sabine, Ausschnitt

In ihrer Reflexion gibt die Schülerin detailliert Auskunft, in welchem Kontext sie die Fremdsprache verwendet hat, was sie daraus gelernt hat und wie sie selber ihre Fortschritte einschätzt. Bemerkenswert dabei ist, dass sie nicht bloß urteilend arbeitet („es war interessant"), sondern die eigene Leistung konkret begründet und einschätzt („ich habe gelernt, dass ...", „ist mir nicht so gelungen, wie ...", „bin ich stolz, weil ..."). Dabei wird auch deutlich, wie entspannt Lernende mit eigenen und fremden Fehlern umgehen können, solange diese nicht als Hinweise für persönliches Versagen, sondern als Gelegenheiten des Lernens und als Anlässe des vertieften Verstehens betrachtet werden (zu dieser Thematik vgl. ALTHOFF 1999).

Ein praktisch erprobtes Instrument zur Beurteilung von Portfolios sind Beurteilungsraster, in denen für einzelne Kompetenzbereiche konkrete Beschreibungen geliefert und wo auch Gewichtungen vorgenommen werden können.

	Lernprodukte	Lernprozesse	Fleiß und Ästhetik
Dokumente (Evidenz)	– „Schlussbrief"	– Entwürfe – Überarbeitungen – *toolbox* – Lernreflexion	– Gestaltung der einzelnen Dokumente – Darstellung des Portfolios
Gewichtung	40 %	40 %	20 %
Referenzkriterien	– fachliche Kompetenzkriterien	– überfachliche Kompetenzkriterien – persönlicher Fortschritt	– Sorgfalt und ästhetische Qualität der Darstellung
Kompetenzziele (vgl. S. 19)	1 – 4	5 – 6	7

Grundstruktur eines möglichen Beurteilungsrasters für Portfolios, Projekt Writing a Letter

Solche Raster ermöglichen differenzierte und transparente Beurteilungen auch zu Kompetenzbereichen, die bei Klassenarbeiten und standardisierten Test verborgen bleiben. Dabei werden einzelnen Kompetenzzielen bestimmte Produkte und *outcomes* zugeordnet, welche anschließend mit detaillierten Kriterien in verschiedenen Niveaubereichen charakterisiert werden (vgl. S. 128 für ein vollständiges Beispiel).

Die kompetenzorientierten Arbeitsformen in dieser Einheit, die auf verstärkte Eigentätigkeit, kognitive Aktivierung und tiefes Verständnis abzielten, hatten eine gewisse Verlangsamung des Unterrichts zur Folge. Umso wichtiger war es, dass die entstandenen Produkte in vollem Umfang für die Leistungsbeurteilung genutzt und anerkannt werden konnten. Die Schülerinnen konnten die Erfahrung machen, dass sie ihre Zeugnisnoten nicht nur durch punktuelle Leistungen in Klausuren, sondern auch durch Anstrengung, Kreativität und Einsatz über einen längeren Zeitraum hinweg steuern und beeinflussen konnten.

Unterrichtsvorbereitung

3.1 Unterrichtsqualität entwickeln

Im ersten Kapitel wurden Grundelemente kompetenzorientierter Unterrichtsgestaltung dargestellt, im zweiten Kapitel wurden diese anhand des Projekts *Writing a Letter* praktisch illustriert. Dabei wurde unterstellt, dass sich Unterricht durch das Konzept der Kompetenz tatsächlich verändern und verbessern ließe. Ob diese Annahme eintrifft, wird wesentlich davon abhängen, ob es Lehrkräften gelingt, alleine oder in Gruppen anspruchsvollen Unterricht mit Kompetenzzielen zu planen und auch durchzuführen. Dass dieses Unterfangen notwendig und auch sinnvoll ist, dürfte unbestritten sein: Klare und verständliche Kompetenzziele machen deutlich, welche Anforderungen in einer Unterrichtseinheit gestellt werden und was dabei genau herauskommen soll. Gleichzeitig werden Schulen und Lehrkräften auch Freiräume eröffnet: Ziele und Standards mögen festgelegt sein, deren inhaltliche Ausfüllung und die Gestaltung von Lernumgebungen sind frei. Diese pädagogische Autonomie von Schulen und Lehrkräften ist ein Grundgedanke der „Output-Steuerung" von Bildung:

Lehrpläne der herkömmlichen Art müssen und werden [...] bei einer Output-Steuerung des Bildungssystems ihre Funktion an eine zielgerichtete, der Autonomie der Einzelschule verpflichtete Standardorientierung abgeben, damit die angestrebten Kompetenzziele auch wirklich ermöglicht werden.

(KLIEME et al. 2003, 93)

Kompetenzziele und Bildungsstandards sollen also offen formuliert sein, sodass die methodische Freiheit der Lehrerschaft gewährleistet bleibt (DUBS 2006, 163). Gleichzeitig müssen die Lehrkräfte in die Lage kommen, diese in erwartbares Können von Schülerinnen und Schülern und in konkrete Lernumgebungen zu übersetzen. Anstatt Wissen zu vermitteln und zu präsentieren, müssen sie verstärkt Situationen schaffen, in denen sich Kompetenzen der Lernenden (oder Teile davon) äußern können: Sie sollen die Ziele klären, die Stoffe freigeben, die Schülerinnen und Schüler beim Aufbau von Fachkompetenzen unterstützen und die Resultate dieser Lernprozesse evaluieren und beurteilen. Die damit verbundene Entwicklungsaufgabe könnte man als „Transformation von den Bildungsstandards zu selbstverantwortlichem Lernen" (PARADIES et al. 2007, 45) bezeichnen. Dass dies durchaus ernst gemeint ist, zeigen die Erläuterungen der KMK zum

Pädagogischen Gestaltungsraum nutzen

Konzept der Bildungsstandards. Der Auftrag der schulischen Bildung geht weit über die funktionalen Ansprüche der Standards hinaus und zielt „auf Persönlichkeitsentwicklung und Weltorientierung, die sich aus der Begegnung mit zentralen Gegenständen unserer Kultur ergeben. Schülerinnen und Schüler sollen zu mündigen Bürgerinnen und Bürgern erzogen werden, die verantwortungsvoll, selbstkritisch und konstruktiv ihr berufliches und privates Leben gestalten und am politischen und gesellschaftlichen Leben teilnehmen" (KMK 2005a, 6 f.). Hauptziel eines kompetenzorientierten Englischunterrichts muss also sein, aus der Perspektive dieses Fachs einen substanziellen Beitrag zu diesem übergeordneten Ziel zu leisten.

Neben dieser positiven Vision ist natürlich auch eine negative denkbar: Wenn die Kompetenzorientierung ganz auf das Einüben von Bildungsstandards und das Administrieren von Leistungstests verhaftet bleibt, dann droht der erwartete Innovationsschub in sein Gegenteil umzuschlagen. Ein Englischunterricht, „der sich in der Einübung von Testaufgaben erschöpft, wird nicht anregungsreich, nicht lernerorientiert und nicht kompetenzentwickelnd sein" (HALLET 2011, 53). Kompetenzorientierte Unterrichtsplanung muss also weit über das hinausgehen, was einzelne Bildungsstandards an Setzungen enthalten und was in standardisierten Tests messbar ist. Gleichzeitig müssen Lernprozesse aber so angelegt werden, dass die Schülerinnen und Schüler die in den Standards geforderten Teilkompetenzen miterwerben können. Damit dies gelingt, brauchen Lehrkräfte geeignete Hilfsmittel und Arbeitsinstrumente. Diese werden im Folgenden dargestellt.

3.2 Europäischer Referenzrahmen für Sprachen

Alle fremdsprachlichen Bildungsstandards in deutschsprachigen Ländern beziehen sich indirekt auf den *Gemeinsamen europäischen Referenzrahmen für Sprachen* (GER, EUROPARAT 2001a). Dieser wurde ursprünglich als taxonomisches System von Zielen, Inhalten und Methoden entwickelt, welches umfassend beschreibt, was Lernende tun müssen, um eine Sprache für kommunikative Zwecke zu benutzen (EUROPARAT 2001a, 14). Er basiert auf einem handlungsorientierten Konzept von Sprachkompetenz und stellt den formal-linguistischen Kompetenzen auch „persönlichkeitsbezogene Kompetenzen" sowie „Fertigkeiten und prozedurales Wissen" zur Seite, da Kommunikation den Menschen als Ganzes in Anspruch nimmt.

Für die nachfolgenden Überlegungen zur Unterrichtsplanung ist es wichtig, sich klarzumachen, dass beim Fremdsprachenlernen qua GER *alle* verfügbaren Lernressourcen eines Menschen beteiligt sind und gefördert werden müssen:

Deklaratives Wissen (savoir)	Prozedurales Wissen (savoir faire)	Persönlichkeits-bezogene Kompetenz (savoir être)	Lernfähigkeit (savoir apprendre)
• Weltwissen • Soziokulturelles Wissen • Interkulturelles Bewusstsein	• Praktische (kommunikative) Fertigkeiten • Interkulturelle Fertigkeiten	• Einstellungen • Motivationen • Wertvorstellungen • Überzeugungen • Kognitiver Stil • Persönlichkeitsfaktoren	• Sprach- und Kommunikations-bewusstsein • Phonetisches Bewusstsein • Lerntechniken

Dimensionen sprachlicher Handlungskompetenz (EUROPARAT 2001a, 15)

Dieses umfassende Kompetenzkonzept wird im GER mit inhaltlich detailierten Kompetenzrastern für über fünfzig Teilbereiche operationalisiert (z. B. „Erfahrungen beschreiben", „argumentieren", „Durchsagen machen", „vor Publikum sprechen" usw.). Zwischen „elementarer" und „kompetenter" Sprachverwendung werden sechs Globalniveaus unterschieden, wobei jedes ungefähr einem bis zwei schulischen Lernjahren entspricht. Auf diese Weise wurde ein umfassendes System zur Planung, (Selbst-)Steuerung und (Selbst-)Evaluation von Fremdsprachenlernen geschaffen.

Allerdings beziehen sich die Raster (im Gegensatz zum einleitenden Gesamtkonzept) nur auf „linguistische Kompetenzen im engeren Sinne" (EUROPARAT 2001a, 103). Wir treffen damit auf das Grundproblem der „Verengung", das die Kompetenzorientierung insgesamt zu betreffen scheint und uns wiederholt begegnen wird: Da der GER keine Raster zu prozeduralen, personalen und lernstrategischen Kompetenzen enthält, drohen diese aus dem Bild zu fallen oder marginalisiert zu werden. Es fehlen beispielsweise Raster für soziokulturelle Kompetenzen wie Höflichkeitskonventionen, Redewendungen oder Kenntnis von Registerunterschieden. GERade diese sind aber z. B. für die interkulturelle Kommunikation besonders wichtig. Ebenso fehlen Raster zum Umgang mit literarischen Texten, die auf der Sekundarstufe – auch in den Fremdsprachen! – zentral sind. Diese Lücken haben überwiegend methodische bzw. testtheoretische Gründe, da sich die entsprechenden Fähigkeiten schlecht in gestufter Form darstellen und mit der „Raschskalierung" empirisch validieren lassen (SCHNEIDER/NORTH 2000, 56). Allerdings darf guter Unterricht nicht ausschließlich auf jene Kompetenzbereiche ausgerichtet sein, die in skalierter Form dargestellt und mit standardisierten Testverfahren überprüft werden können.

An dieser Stelle ist noch eine zweite Warnung angebracht. An Kompetenzmodelle wird zunehmend der Anspruch gestellt, dass sie die Anforderungen der Bildungsstandards systematisch ordnen und „die Aspekte, Ab-

Wichtige Kompetenzbereiche können nicht skaliert werden

stufungen und Entwicklungsverläufe von Kompetenzen darstellen" sollen (KLIEME et al. 2003, 21). Sie sollen ein Bindeglied sein, „um zwischen relativ abstrakten, verallgemeinerten Bildungszielen einerseits, konkreten Aufgabensammlungen andererseits zu vermitteln" (ebd., 24). Gleichzeitig sollen sie „wissenschaftlich fundiert [aufzeigen], welche Wege zum Wissen und Können eingeschlagen werden können", sowie „die Struktur und die Ergebnisse fachlicher Lernprozesse" beschreiben (ebd., 71, 112).

Demgegenüber ist festzuhalten, dass die vorliegenden Raster des GER weder als Ergebnis domänenspezifischer Lehr-Lern-Forschung noch als lerntheoretische Konstrukte zu verstehen sind, sondern eher als pragmatische Hilfsmittel für Test- und Unterrichtszwecke (DRIESCHNER 2008, 563). Sie stellen einen Expertenkonsens über Fixpunkte von Sprachkompetenz dar, welche Lernende typischerweise durchlaufen, enthalten aber keine wissenschaftlichen Beschreibungen von Spracherwerbsprozessen. Generell wissen wir über fremdsprachliche Entwicklungsverläufe in schulisch-unterrichtlichen Kontexten noch zu wenig, um dazu empirisch validierte Kompetenzentwicklungsmodelle vorzulegen (ZYDATISS 2010, 61).

Zur Illustration dieser Problematik ist hier das Raster zur „schriftlichen Produktion allgemein" darstellt.

Schriftliche Produktion allgemein	
C2	Kann klare, flüssige, komplexe Texte in angemessenem und effektivem Stil schreiben, deren logische Struktur dem Leser das Auffinden der wesentlichen Punkte erleichtert.
C1	Kann klare, gut strukturierte Texte zu komplexen Themen verfassen und dabei die entscheidenden Punkte hervorheben, Standpunkte ausführlich darstellen und durch Unterpunkte oder geeignete Beispiele oder Begründungen stützen und den Text durch einen angemessenen Schluss abrunden.
B2	Kann klare, detaillierte Texte zu verschiedenen Themen aus seinem/ihrem Interessengebiet verfassen und dabei Informationen und Argumente aus verschiedenen Quellen zusammenführen und gegeneinander abwägen.
B1	Kann unkomplizierte, zusammenhängende Texte zu mehreren vertrauten Themen aus seinem/ihrem Interessengebiet verfassen, wobei einzelne kürzere Teile in linearer Abfolge verbunden werden.
A2	Kann eine Reihe einfacher Wendungen und Sätze schreiben und mit Konnektoren wie *und, aber* oder *weil* verbinden.
A1	Kann einfache, isolierte Wendungen und Sätze schreiben.

Kompetenzraster „Schriftliche Produktion allgemein" aus dem Gemeinsamen europäischen Referenzrahmen für Sprachen *(EUROPARAT 2001a, 67)*

Hier werden Orientierungspunkte für Schreibprozesse genannt, wobei allerdings verschiedene Progressionslogiken ziemlich willkürlich vermischt werden: Festigungsgrad, Einfachheit bzw. Komplexität der Anwendungssituationen, Regelhaftigkeit von Situationen nach Berechenbarkeit oder Routinehaftigkeit, Grad der Selbstständigkeit der Ausführung usw. Vermutlich können derart komplexe Kompetenzbereiche generell nur unzureichend in einer einzigen Skala zusammengefasst werden.

Kompetenzraster sind keine didaktischen Modelle

Raster wie dieses können eine Planungsbasis für den Unterricht bilden, indem sie die Verständigung über das Lehren und Lernen zwischen allen Beteiligten erleichtern. Sie sollten aber nicht als didaktische Modelle verstanden werden, die direkt in Unterricht übersetzt werden können, etwa durch Anwenden gestufter Übungsfolgen. In diese Versuchung können Lehrkräfte rasch geraten, weil die Reihung von Lernzielen als lineare Stufen innerhalb derselben Kompetenzdimension einen Unterricht nahelegt, der unten bei A1 ansetzt und dann über alle Zwischenstufen nach C2 hochführt (KELLER/RUF 2005, 458). Hält man sich das vorliegende Modell zur Schreibkompetenz vor Augen, würden auf den unteren Stufen zuerst isolierte Wendungen geübt und diese später zu ganzen Sätzen verbunden. Erst nach mehreren Jahren würden Texte für Leserinnen und Leser entstehen (der Begriff der „Leser" kommt erst auf der Stufe C2 vor).

„Echte" Aufgaben – von Anfang an!

Kompetenzorientiertes Planen heißt also nicht, die Progressionslogik der Raster direkt auf den Unterricht zu übertragen. Man muss dazu konsequent einen anderen Weg beschreiten: Lernende sollen sich von Anfang an mit echten, komplexen Problemen befassen und lernen, diese mit der Zeit auf immer raffiniertere und vielfältigere Weise zu lösen. Dabei sind unterschiedliche Kompetenzbereiche im Spiel, die separat geklärt und beschrieben, in der Lernarbeit aber nicht künstlich getrennt oder abgestuft werden sollten. Beim Versuch, mit beschränkten Kenntnissen in anspruchsvollen Situationen erfolgreich zu kommunizieren, werden oft „schwierige" Dinge vor den einfachen gelernt, weil sie zur Lösung eines Problems nützlich sind. Wer zuerst mit simplen Aufgaben startet, um später zu den interessanten und spannenden Dingen zu kommen, missversteht die Dynamik von Lernverläufen und produziert einen Unterricht, der die Lernenden gerade auf unteren Stufen nicht ausreichend fördert und fordert. Generell verlaufen Sprachlernprozesse individueller und variantenreicher, als die sauber getrennten Stufen in Kompetenzrastern dies suggerieren.

3.3 Bildungsstandards

Wie in allen Fächern werden Bildungsprozesse in den Fremdsprachen zunehmend über Standards gesteuert, die in Deutschland z. B. für den Hauptschulabschluss (9. Schuljahr) und den Mittleren Schulabschluss (10. Schuljahr) entwickelt und flächendeckend eingeführt wurden (KMK 2004, 2005b). Diese Standards sollen „präzise, verständlich und fokussiert die wesentlichen Ziele der pädagogischen Arbeit [benennen], ausgedrückt als erwünschte Lernergebnisse der Schülerinnen und Schüler" (KLIEME et al. 2003, 9). Alle bisher veröffentlichten Bildungsstandards sind Leistungsstandards in Form von Kompetenzformulierungen *(can-do statements)*. In der Verbindung mit Schulleistungstests sollen sie die Qualität des Bildungssystems überprüfbar machen und die Gewissheit im Blick auf den Ertrag von Bildungserträgen steigern. In diesem Zusammenhang wird oft der Begriff „Output-Orientierung" genannt: Die Qualität von Unterricht und Bildung soll nicht wie früher auf der Basis von Lehrplänen oder Stoff (also dem IN-Put) beurteilt werden, sondern vom Unterrichtsertrag der Schülerinnen und Schüler her. Damit dieser Anspruch eingehalten werden kann, ist es notwendig, den „Unterrichtsertrag" in objektivierbarer Form zu beschreiben und messbar zu machen.

Der Sinn und Unsinn von Bildungsstandards ist bereits breit diskutiert worden (REKUS 2005; SCHLÖMERKEMPER 2004). Hauptkritikpunkte sind, dass Bildungsstandards

- Ausdruck der Ökonomisierung von Bildung sind,
- ein (breites) Verständnis von Bildung vermissen lassen,
- keine Inhalte für den Kompetenzaufbau aufweisen,
- die schwer messbaren Kompetenzen vernachlässigen und
- auf Tests hinauslaufen, welche lediglich punktuelle Leistungsmessungen darstellen und die Prozesse und Dynamiken der Kompetenzaneignung vernachlässigen (vgl. LEUPOLD 2010, 51).

Auch an dieser Stelle tritt also eine (mögliche) „Verengung" auf: Man muss das Können der Schülerinnen und Schüler standardisieren, um es mess- und vergleichbar zu machen (HALLET 2011, 37). Allerdings können Lehrpersonen sich den Bildungsstandards und Tests heute nicht mehr entziehen und sollten das auch nicht versuchen. Vielmehr sollen sie durch guten Unterricht dazu beitragen, dass die oben beschriebenen Gefahren minimiert werden.

In den Bildungsstandards zur ersten Fremdsprache in Deutschland werden drei unterschiedliche „Kompetenzfelder" genannt:

Funktionale kommunikative Kompetenzen	
Kommunikative Fertigkeiten	**Verfügung über die sprachlichen Mittel**

• Hör- und Hör-/Sehverstehen
 • Leseverstehen
 • Sprechen
   – an Gesprächen teilnehmen
   – zusammenhängendes Sprechen
 • Schreiben
 • Sprachmittlung
	• Wortschatz
	 • Grammatik
	 • Aussprache und Intonation
	 • Orthografie

Interkulturelle Kompetenzen
• Soziokulturelles Orientierungswissen   • Verständnisvoller Umgang mit kultureller Differenz   • Praktische Bewältigung interkultureller Begegnungssituationen

Methodische Kompetenzen
• Textrezeption (Hör-, Hör-/Sehverstehen und Leseverstehen)   • Interaktion   • Textproduktion (Sprechen und Schreiben)   • Lernstrategien   • Präsentation und Mediennutzung   • Lernbewusstheit und Lernorganisation

Kompetenzen in den Bildungsstandards für die erste Fremdsprache (KMK 2004, 8)

Wie sich in dieser Zusammenstellung zeigt, umfassen die Standards sowohl komplexe, hochrangige Fähigkeiten (verständnisvoller Umgang mit kultureller Differenz) wie auch basale *skills* (Orthografie Grammatik, Wortschatz). Vieles, was auch bisher an Lernen und Üben im Fremdsprachenunterricht stattgefunden hat, kann also einfach kompetenzorientiert genannt werden, ohne seine Bedeutung und Funktion im Unterrichtsprozess zu verändern (HALLET 2011, 42 ff.) Dies lässt sich an neuen Lehrbüchern oder Übungsmaterialien erkennen, wo auch Wortschatzübungen oder Grammatiktraining ganz pragmatisch als „kompetenzorientiertes Lernen" bezeichnet werden. Solche Übungen sind zwar ein wichtiger Teil des kompetenzorientierten Fremdsprachenunterrichts, dieser darf sich aber nicht auf das Einüben isolierter *skills* beschränken, wenn die Unterrichtsqualität tatsächlich verbessert werden soll.

Eine weitere Schwierigkeit liegt darin, dass nicht für alle der oben genannten Bereiche konkrete Aufgabenbeispiele vorgelegt werden: Interkulturelle Fähigkeiten oder Methodenkompetenzen wurden in den Aufgabenstellungen der KMK nicht berücksichtigt (KMK 2004, 19 f.). Diese Auslassungen haben methodische Gründe, da es schwierig ist, in diesen Bereichen standardisierbare Testaufgaben zu entwerfen. Die fehlende Operationalisierung führt aber unweigerlich zu impliziten Schwerpunktsetzungen: Die Lehrpersonen werden sich fragen, warum sie Kompetenzen unterrichten sollen, zu denen gar keine Aufgaben vorhanden sind. Diese Lücken setzen sich auch bei den formal-sprachlichen Kompetenzen fort, wobei bei den Vergleichsarbeiten in deutschen Schulen (VERA) auf die Überprüfung der mündlichen Ausdrucksfähigkeit oder komplexer Schreibkompetenzen in Englisch verzichtet wurde. Dies darf die Lehrkräfte nicht zu dem Fehlschluss führen, dass diese Kompetenzen nicht wichtig wären; vielmehr hatte der Verzicht testtheoretische und methodische Gründe (HALLET 2011, 41). In dieser Problematik der Überprüfung zeigt sich ein Zusammenhang, dessen Bedeutung für den kompetenzorientierten Fremdsprachenunterricht gar nicht hoch genug eingeschätzt werden kann:

Je komplexer eine Kompetenz, je wichtiger und hochrangiger das Bildungsziel, desto schwieriger deren standardisierte Erfassung.

Eine kompetenzorientierte Unterrichtsreform muss also viel mehr umfassen als die Implementierung von vergleichenden Leistungstests. Wenn davon tatsächlich ein positiver Impuls für das Lernen ausgehen soll, muss man sich an einem breiten und inklusiven Konzept sprachlicher Handlungskompetenz orientieren und dieses sinnvoll im Unterricht umsetzen. Auf diese Weise werden auch Kompetenzen gefördert, die von Schulleistungstests erfasst werden – aber daneben noch viel mehr!

Kompetenzorientierung umfasst mehr als Leistungstests

3.4 Von der Kompetenz zum Unterricht

Während Ziele und Inhalte des schulischen Lernens traditionell in sachorientierten Lehrplänen spezifiziert waren, liegen sie beim kompetenzorientierten Unterricht in Form von Bildungsstandards oder Kompetenzzielen vor. Diese sind abstrakter und verweisen verstärkt auf die zu erreichenden Befähigungen der Lernenden: „Die Schülerinnen und Schüler wissen, dass …; sie sind in der Lage zu erläutern, wie …; sie können darstellen, inwiefern …". Bei dieser Art von Vorgaben sind traditionelle Kontrollfragen von Lehrpersonen zu ihrem Unterricht wie „Was habe ich dargestellt?" oder „Haben wir behandelt, was im Lehrplan steht?" untauglich. Stattdessen spielen Fragen wie die folgenden eine Rolle: Über welches Wissen und welche Fähigkeiten verfügen die Schülerinnen und Schüler? In welchem Ausmaß und unter welchen Bedingungen beherrschen sie das Geforderte? (Ziener 2009, 17)

Es bleibt die Frage, wie sich die abstrakten Standards in den Unterricht übersetzen lassen bzw. wer dies leisten soll. Die Kompetenzraster allein können diese Funktion nicht erfüllen, und das Praxisproblem der Unterrichtsgestaltung wird sich auch durch progressive Verfeinerung und Ausdifferenzierung dieser Raster (mit entsprechenden Aufgabenbeispielen) nicht lösen lassen: Angesichts der Heterogenität der Lernenden und der Individualität von Lernwegen erscheint es zweifelhaft, ob Unterricht bis ins Detail vorgegeben werden kann. Neben den Schwierigkeiten der empirischen Validierung wäre damit auch die Gefahr einer Auslagerung der didaktischen Arbeit und letztlich einer Bevormundung der Lehrkräfte verbunden (vgl. ausführlicher Keller/Winter 2009, 286 ff.).

Lehrkräfte müssen also in die Lage kommen, für *ihre* Schülerinnen und Schüler an *ihrer* Schule in Übereinstimmung mit *ihren* methodischen und inhaltlichen Präferenzen selber Unterricht auf der Basis von Kompetenzzielen zu planen. Dazu gehört, diese abstrakten Ziele in erwartbares Können und in konkrete Lernaufgaben zu übersetzen. Im folgenden Schaubild wird ein möglicher Prozess dargestellt, in dem die Lehrkräfte diese Aufgabe alleine oder in einer Gruppe bewältigen können.

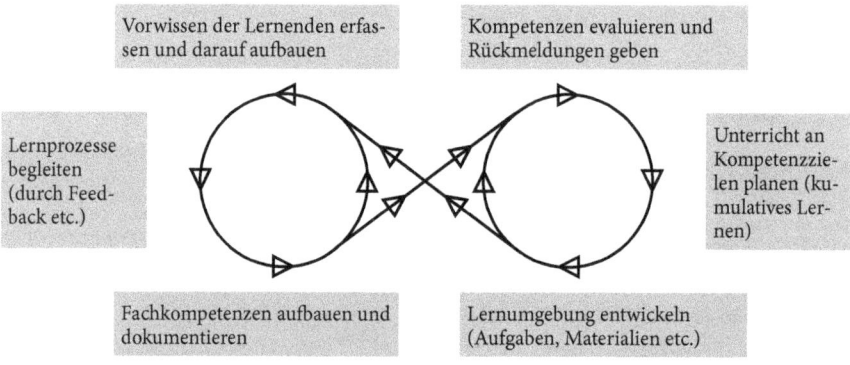

Modell kompetenzorientierter Unterrichtsplanung (aufbauend auf Keller/Winter 2009, 288)

In diesem Modell wird die enge Verzahnung von Kompetenzzielen mit didaktischen und methodischen Fragen der Unterrichtsgestaltung betont. Ebenso wichtig ist dabei die Konzentration auf die Konzepte und Fähigkeiten der Lernenden. Im Zentrum steht die Lehrperson als planende, gestaltende und evaluierende Instanz des Unterrichts. Die rechte „Schlaufe" der liegenden Acht stellt einen Zyklus dar, bei dem die Lehrkräfte Kompetenzziele analysieren und darauf aufbauend Lernumgebungen entwickeln, in denen sich die angezielten Kompetenzen erreichen lassen. In der linken „Schlaufe" sind Lernprozesse angedeutet, welche auf diese Planung bezogen sind und bei denen die Lehrkräfte die Jugendlichen beobachten, begleiten und unterstützen. Die dabei erworbenen und dokumentierten Fähigkeiten werden wieder zum Ausgangspunkt für die nächste Planungsphase.

Diese Umsetzung von Kompetenzzielen in Unterrichtsszenarien ist komplex und setzt bei Lehrkräften profundes didaktisches wie auch fachliches Wissen voraus. Sie müssen bestimmen, was genau mit einer bestimmten Kompetenz gemeint ist (im Sinne eines geistigen Handlungssystems, über das jemand verfügt), und ihren Schülerinnen und Schülern Handlungsfelder eröffnen, in denen diese Kompetenzen erworben werden können. Diese Planungstätigkeiten beinhalten folgende Dimensionen:

- Handlungsfelder bestimmen, auf die sich das kompetente Handeln bezieht,
- Ziele und angestrebte Qualitäten formulieren, durch die kompetentes Handeln zum Ausdruck kommt,
- ein Repertoire von (fachlichen) Wissensbeständen festlegen, deren sich kompetentes Handeln bedient,
- Bedingungen berücksichtigen, auf die kompetentes Handeln Rücksicht nimmt (GIRMES 2004, 159).

Bei einer solchen „Kompetenzdimensionierung" sind sowohl fachliches Wissen wie auch praktische Erfahrung und didaktischer Einfallsreichtum gefragt. Ein erster Schritt dazu kann sein, dass Lehrpersonen einzelne Kompetenzstufen oder Standards jeweils auf drei Niveaus konkretisieren, nämlich als „Mindeststandard", „Regelstandard" und „Expertenstandard". Sie beschreiben dabei erwartbare Lernhandlungen und Leistungen der Jugendlichen auf inhaltlicher Ebene und können so weiteren Unterricht planen: „Alle Schüler sollten mindestens die folgende Aufgabe lösen können"; „Experten sollten dazu auch dieses Problem bewältigen können"; „ihre Lösungen sollten folgende Struktur aufweisen" (ZIENER 2009, 48).

Eine inhaltliche Differenzierung für bestimmte Klassenstufen ist nötig, da Standards nicht für alle Stufen vorliegen (in den Fremdsprachen in Deutschland für die Abschlussklassen 9 und 10; in der Schweiz für die Jahrgangstufen 6 und 9). Die Lehrkräfte und Schulen erwartet also die schwierige Aufgabe, diese „Abschlussniveaus" curricular und unterrichtspraktisch nach unten zu projizieren und auch für die darunterliegenden Jahrgänge geeignete Unterrichtsarrangements zu schaffen (HALLET 2011, 47). Die Lehrkräfte müssen ein „Schul-Curriculum […] erstellen, das, mit den Standards als Richtschnur, auf kumulatives Lernen über mehrere Jahrgänge hin angelegt ist" (KLIEME et al. 2003, 140).

Diese Aufgabe ist reizvoll, aber auch schwierig. Zum Glück werden Schulen und Lehrkräfte damit nicht (ganz) alleingelassen. In Deutschland haben z. B. verschiedene Bundesländer damit begonnen, Beispiele für kumulative Curricula in Form von „Niveaukonkretisierungen" (Baden-Württemberg) oder „Erwartungshorizonten" (Rheinland-Pfalz) bereitzustellen (für Baden-Württemberg siehe Landesinstitut für Schulentwicklung, http://www.ls-bw.de; für Rheinland-Pfalz siehe Bildungsserver, http://bildungsstandards.bildung-rp.de, letzter Zugriff am 15.10.2012). Dabei ist die Kompetenzdimensionierung für eine Schulstufe bereits geleistet und auf ein bestimmtes Lernthema bezogen. Dazu werden Niveaubeschreibungen geliefert, die jeweils das Basis-, Regel- und Expertenniveau für die entsprechende Schulart und Jahrgangsstufe aufzeigen (LFS 2009, 2).

Das folgende Beispiel bezieht sich auf das Schreiben in Englisch (10. Klassenstufe, Realschule). Es wird angenommen, dass die Schülerinnen und Schüler bereits fähig sind, auf vorgegebene Texte schriftlich zu reagieren. Davon ausgehend werden didaktische Konzeptualisierungen vorgenommen, wobei der Lernprozess in Vorbereitungsphase *(pre-writing)*, Schreibphase *(writing)* und Überarbeitungsphase *(reviewing)* aufgegliedert wird (LFS 2008, 2).

Als Nächstes wird die angezielte Kompetenz zu konkreten Bildungsstandards in Beziehung gesetzt. Diese lauten im vorliegenden Fall:

Die Schülerinnen und Schüler können
- Sachverhalte aus Alltag, Beruf, Politik, Sport strukturiert, formal, weitgehend orthografisch und sprachlich richtig verfassen;
- vielfältige Textsorten frei oder nach Vorgaben adressaten-, situations- und wirkungsgerecht strukturiert und weitgehend sprachlich korrekt verfassen.

Umgang mit Texten

Die Schülerinnen und Schüler können
- mündliche und schriftliche Sach-, Gebrauchs- und fiktionale Texte mittleren Schwierigkeitsgrads hörend oder lesend aufnehmen, inhaltlich erschließen, in ihrem Sinnzusammenhang verstehen und dieses Verständnis belegen;
- den Inhalt von Texten im Kerngehalt erkennen, in verschiedener Form wiedergeben, umschreiben, gliedern, untersuchen und bearbeiten.

Niveaukonkretisierung für Englisch Klasse 10 (LFS 2008, 2)

Anschließend werden diese Standards zu einer konkreten „Problemstellung" (d.h. einer Lernaufgabe) in Beziehung gesetzt. Im vorliegenden Fall sollen die Lernenden ein Posting in einem Internet-Forum lesen und darauf eine Antwort verfassen:

Problems with pocket money!!!
Help! I just don't get along with my pocket money (40 $/month)! My parents refuse to give me more but I spend all my money on new CDs, computer games and petrol for my motorbike. Three or four times a week I enjoy going out with friends. After two or three weeks there is no money left. What can I do? How do you get along with your pocket money? Have you ever been in a situation like this?
Mike, 16, San Antonio, Texas

Die erwarteten Kompetenzen (Output) werden dann anhand der Lernprodukte (Texte) auf drei Niveaustufen ausdifferenziert:

Niveaustufe A

Die Schülerinnen und Schüler schreiben zum Thema „Taschengeld", beziehen sich jedoch nur begrenzt auf den vorgegebenen Text. Sie reagieren auf ein oder zwei der oben genannten Fragen. Die Verwendung der sprachlichen Mittel besteht überwiegend aus einfachen sprachlichen Strukturen, wobei der Einfluss der Muttersprache erkennbar ist. Es kommt vereinzelt zu Unklarheiten oder Missverständnissen. Der Wortschatz ist zwar begrenzt, reicht jedoch aus, um sich über das oben genannte Thema äußern zu können. Wiederholungen und Formulierungsschwierigkeiten können auftreten.

Niveaustufe B

Die Schülerinnen und Schüler schreiben adressatengerecht, nehmen Bezug zum vorgegebenen Text und reagieren auf die drei Fragen. Sie geben konkrete Informationen und machen deutlich, was sie für wichtig halten. Sie verfügen über genügend sprachliche Mittel, um zurechtzukommen und die eigene Meinung auszudrücken. Der Wortschatz reicht aus, um sich über das oben genannte Thema äußern zu können. Wiederholungen und Formulierungsschwierigkeiten treten nur vereinzelt auf. Die verwendeten grammatikalischen Strukturen zeigen Variationen, wenngleich Fehler vorkommen können und der Einfluss der deutschen Sprache an einzelnen Stellen erkennbar ist. Dies führt jedoch nur selten zu Unklarheiten und Missverständnissen.

Niveaustufe C

Die Schülerinnen und Schüler schreiben adressatengerecht, nehmen Bezug zum vorgegebenen Text und reagieren ausführlich auf die drei Fragen. Sie geben konkrete Informationen und berichten über Erfahrungen, Gefühle und Ereignisse – teilweise auch in umfangreicheren Zusammenhängen. Sie zeigen eine gute Beherrschung von Lexik und sprachlichen Strukturen und verwenden gelegentlich auch komplexere Sprachmuster. Fehler kommen nur vereinzelt vor; es ist jedoch stets klar, was ausgedrückt werden soll. (LFS 2008, 3)

Im Rahmen dieser Niveaukonkretisierung sind bereits Umrisse einer Unterrichtseinheit sichtbar geworden. Im folgenden Abschnitt wird gezeigt, wie Lehrkräfte selbstständig in ähnlicher Weise didaktische Arrangements anlegen können bzw. welche Schritte dazu notwendig sind.

3.5 Beispiel: *Where does my money go?*

Die im Folgenden dargestellten und illustrierten Planungstätigkeiten können Lehrkräfte alleine oder als Gruppe vornehmen. Leserinnen und Leser sind eingeladen, ein eigenes kompetenzorientiertes Unterrichtsarrangement auszuarbeiten; es finden sich im Verlauf des Buchs immer wieder Vorschläge und Anregungen, wie dieses weiterentwickelt werden kann.

Thema auswählen, Kompetenzziele bestimmen
1. Wählen Sie ein Thema bzw. Kompetenzfeld aus, das Sie als Nächstes mit einer bestimmten Klasse angehen wollen, das im Lehrbuch oder Lehrplan der Schule wichtig ist und das einen deutlichen Bezug zur Lebenswelt bzw. den Interessen Ihrer Schülerinnen und Schüler aufweist.
2. Wählen Sie aus den relevanten Dokumenten verschiedene Kompetenzbereiche (Bildungsstandards) aus, die Sie mit den Schülerinnen und Schülern anhand dieses Themas erarbeiten wollen. Falls es sich um untere Klassen handelt, finden Sie weitere Deskriptoren im GER. Achten Sie auf eine sinnvolle Mischung von engen (formal-sprachlichen) und erweiterten Kompetenzbereichen.
3. Klären Sie ab, ob in Ihrem Bundesland (Kanton o. Ä.) bereits „Niveaukonkretisierungen" oder „Erwartungshorizonte" für Kompetenzziele existieren, an denen Sie sich orientieren können.

Das folgende Beispiel trägt den Titel *Where does my money go?* (Realschule, 10. Schuljahr). Die Jugendlichen sollen den eigenen Umgang mit Geld reflektieren, Sinn und Unsinn der modernen Konsumgesellschaft diskutieren, den eigenen Wohlstand kritisch hinterfragen und Lebensumstände in anderen Ländern kennenlernen. Dazu werden Lernaufgaben für unterschiedliche Kompetenzbereiche entwickelt, die von der Reihenfolge her variiert werden können.

Durch die thematische Bestimmung *(money)* werden Bezüge zu den verschiedenen Kategorien von Bildungsstandards ersichtlich (vgl. Übersicht über die Kompetenzen in den Bildungsstandards für die erste Fremdsprache, S. 40); vermutlich wären alle zumindest teilweise relevant. Im Sinne einer klaren Fokussierung (auch für die Schülerinnen und Schüler!) werden in der Folge diejenigen herausgegriffen, die besonders zentral sind. Neben den Bereichen „Schreiben" und „Umgang mit Texten" sind dies „Hören", „an Gesprächen teilnehmen", „Lernbewusstheit und Lernorganisation" sowie „interkulturelle Kompetenzen".

Die Kombination von mehreren Kompetenzbereichen bzw. Bildungsstandards ist der sicherste Weg, die oben erwähnte „Verengung" auf das Einüben isolierter *skills* zu vermeiden. Dies ist auch deshalb sinnvoll, da die unterschiedlichen Kompetenzen in der Praxis zueinander in Beziehung stehen und sich gegenseitig befruchten. Hören heißt auch sprechen; diskutieren heißt auch, sich mit einem anderen Menschen auseinanderzusetzen, zum Schreiben muss man zuerst lesen usw.

Kompetenzen verbinden statt trennen

Kompetenzdimensionierung

1. Analysieren Sie die von Ihnen ausgewählten Kompetenzbereiche (Bildungs-standards). Skizzieren Sie nach Ihrem eigenen Verständnis grob den Inhalt der einzelnen Kompetenz bezogen auf das von Ihnen gewählte Thema: Was kann jemand, der über diese Kompetenz verfügt?

2. Drücken Sie in jedem Kompetenzbereich einen Mindest-, einen Regel- und einen Maximalstandard bezogen auf die von Ihnen gewählte Klassenstufe aus (erwartbare Leistungen). Der Mindeststandard gibt Auskunft über das Niveau, das prinzipiell alle Kinder der Klasse erreichen sollen; der Regelstandard formuliert alters- und schulartspezifisch ein mittleres Kompetenzniveau, der Maximal- oder Expertenstandard formuliert jenes Niveau, welches als hervorragende Leistung taxiert wird (ZIENER 2009, 50).

Als Unterstützung können Sie das Planungsschema auf S. 49 verwenden.

Die folgenden Beispiele zeigen Dimensionierungen zu verschiedenen Kompetenzfeldern, wobei jeweils die Bezüge zu entsprechenden Bildungsstandards dargestellt sind. Konkrete Umsetzungen in Lernaufgaben finden sich in Kap. 5 (S. 74 ff.), Hinweise zur Leistungsbewertung in Kap. 7 (S. 115 ff.).

Arbeitsaufgabe:
Kompetenzorientierte Erwartungen von Unterrichtserträgen in drei Stufen

Fügen Sie hier eine Kompetenzformulierung oder einen Bildungsstandard für Ihre Einheit ein.
„Kompetenzexegese": Was können Schülerinnen und Schüler, wenn sie über diese Kompetenzen verfügen?

Die Schülerinnen und Schüler können:

Spezifizierung in verschiedene Kompetenzstufen

Kompetenzstufe A (Mindeststandard)	Kompetenzstufe B (Regelstandard)	Kompetenzstufe C (Expertenstandard)
Beschreibung:	Beschreibung:	Beschreibung:
Beispiel:	Beispiel:	Beispiel:

Planungsschema zur Kompetenzdimensionierung in drei Stufen (nach ZIENER 2009, 56)

Hören: *Lauren, former credit card abuser*

Bezug zu Bildungsstandards: Die Schülerinnen und Schüler können unkompliziert Sachinformationen über gewöhnliche alltags- oder berufsbezogene Themen verstehen und dabei die Hauptaussagen und Einzelinformationen erkennen, wenn in deutlich artikulierter Standardsprache gesprochen wird. [...] Sie können den Informationsgehalt der meisten Rundfunksendungen und Tonaufnahmen über Themen von persönlichem Interesse verstehen (B1+; KMK 2004, 11 f.). Daneben sollen die Lernenden Laurens Situation mit ihrer eigenen vergleichen und persönlich dazu Stellung beziehen ("interkulturelle Kompetenz"; KMK 2004, 16).

Bezug auf eine Handlung/ein Lernprodukt: Die Lernenden schauen ein *You-Tube*-Video über Kreditkartenschulden bei Teenagern an (vgl. S. 82, 144). Sie bearbeiten dazu verschiedene Aufträge, welche das inhaltliche Verständnis, die formal-sprachliche Struktur und die kritische Reflexion des dargestellten Sachverhalts betreffen.

Erwartete Kompetenzniveaus	
Level A **Mindest-** **standard**	Die Lernenden können die Hauptaussagen des Clips verstehen, wenn sie Unterstützung erhalten (Vorentlastung an Vokabeln, Zusammenfassung usw.) und den Clip mehrmals anschauen können.
Level B **Regel-** **standard**	Die Lernenden können die Hauptaussagen des Clips ohne Unterstützung verstehen. Mit entsprechender Unterstützung (Vorentlastung an Vokabeln, Zusammenfassung usw.) und bei Möglichkeit zur Wiederholung können sie auch Detailinformationen verstehen.
Level C **Experten-** **standard**	Die Lernenden können auch ohne Unterstützung viele Detailinformationen aus dem Clip verstehen.

Lesen: *Living an a dollar a day in Malawi*

Bezug zu Bildungsstandards: Die Schülerinnen und Schüler können weitgehend selbstständig verschiedene Texte aus Themenfeldern ihres Interessen- und Erfahrungsbereiches lesen und verstehen. Sie können in klar geschriebenen argumentativen Texten zu vertrauten Themen die wesentlichen Schlussfolgerungen erkennen, z.B. in Zeitungsartikeln (B1/B1+; KMK 2004, 12).

Bezug auf eine Handlung/ein Lernprodukt: Die Schülerinnen und Schüler lesen einen authentischen Zeitungsartikel *(report)* über eine Familie in Malawi, die mit einem Dollar am Tag lebt (vgl. S. 86). Sie bearbeiten dazu verschiedene Aufträge, die sowohl dem Textverständnis, der Erweiterung des Weltwissens und dem Aufbau von formal-sprachlichen Fähigkeiten gewidmet sind.

Erwartete Kompetenzniveaus	
Level A **Mindest-** **standard**	Die Lernenden verstehen die Hauptaussagen des Textes bezüglich der Ursachen der Armut in Malawi und der Konsequenzen für die Lebensumstände der Bevölkerung. Sie verstehen das wichtigste Fachvokabular und können es in der Textbesprechung auch anwenden.
Level B **Regel-** **standard**	Die Lernenden können einen Großteil der genannten Argumente und Aussagen verstehen. Sie verfügen über ein ausreichendes Fachvokabular, um den Text kritisch zu lesen und ihre eigenen Gedanken dazu auszudrücken.
Level C **Experten-** **standard**	Die Lernenden können die Argumentationskette des Textes lückenlos nachvollziehen und verstehen, in welchem Verhältnis die gemachten Aussagen zueinander stehen. Sie kennen Strukturmittel und idiomatische Wendungen von *reports* und verstehen deren Funktionen im Text.

An Gesprächen teilnehmen: *Discussing money*

Bezug auf Bildungsstandards: Die Schülerinnen und Schüler können an Gesprächen über vertraute Themen teilnehmen, persönliche Meinungen ausdrücken und Informationen austauschen (GER Referenzniveau B1). Sie können ein Gespräch oder eine Diskussion beginnen, fortführen und auch bei sprachlichen Schwierigkeiten aufrechterhalten; sie können in Gesprächen und Diskussionen kurz zu den Standpunkten anderer Stellung nehmen und höflich Überzeugungen und Meinungen, Zustimmung und Ablehnung ausdrücken (KMK 2004, 13).

Bezug auf eine Handlung/ein Lernprodukt: Die Schülerinnen und Schüler diskutieren ihr eigenes Konsumverhalten und ihren Umgang mit Geld mit Klassenkameraden, hören sich deren Standpunkte an, geben Ratschläge und versuchen, gemeinsam zu Lösungsansätzen zu gelangen. Diese Diskussionen finden (teilweise) in strukturierter Form statt (vgl. S. 84).

Erwartete Kompetenzniveaus: Zu dieser Aufgabe ist in Kap. 7 ein detailliertes Beurteilungsraster dargestellt (vgl. S. 128). Dieses enthält zu verschiedenen Teilfähigkeiten differenzierte Beurteilungskriterien und kann deshalb als Instrument der Leistungsbeurteilung verwendet werden.

Interkulturelle Kompetenzen: *Understanding others*

Bezug auf Bildungsstandards: Hier geht es um Haltungen, „die ihren Ausdruck gleichermaßen im Denken, Fühlen und Handeln und ihre Verankerung in entsprechenden Lebenserfahrungen und ethischen Prinzipien haben. Sie beinhalten Einsicht in die Kulturabhängigkeit des eigenen Denkens, Handelns und Verhaltens sowie die Fähigkeit und Bereitschaft zur Wahrnehmung und Analyse fremdkultureller Perspektiven" (KMK 2004, 16).

Bezug auf eine Handlung/ein Lernprodukt: Die Schülerinnen und Schüler lernen in dieser Einheit, sich in Bezug zu den Lebensumständen und Denkweisen in anderen Kulturen zu setzen und – ausgehend davon – die eigenen Denkweisen zu Geld und Konsum kritisch zu hinterfragen.

Erwartete Kompetenzniveaus: Ausbildung der genannten Einstellungen und Haltungen und detaillierte Dokumentation davon in den unterschiedlichen Lernprodukten dieser Einheit, die am Ende in einem Portfolio zusammengefasst und reflektiert werden.

Lernbewusstheit und Lernorganisation: Portfolio

Bezug auf Bildungsstandards: Die Schülerinnen und Schüler können selbstständig, mit einem Partner oder in Gruppen längere Zeit arbeiten; sie können für sie förderliche Lernbedingungen erkennen und nutzen, ihre Lernarbeit organisieren und die Zeit einteilen; und sie können ihren eigenen Lernfortschritt beschreiben und in einem Portfolio dokumentieren (KMK 2004, 18).

Bezug auf eine Handlung/ein Lernprodukt: Die Lernenden bearbeiten die Lernaufgaben in dieser Einheit sowohl selbstständig wie auch in Kooperation mit anderen. Sie geben einander Rückmeldungen zu ihren Texten, diskutieren ihr eigenes Konsumverhalten in Diskussionen und erweitern durch gezielte Lektüre ihr Wissen über die ökonomischen Gegebenheiten in anderen Ländern. Sie setzen Rückmeldungen und INPuts der Lehrkraft um und dokumentieren ihre Lernprozesse in unterschiedlichen Produkten (Texte, Protokolle und Beobachtungen, Poster, Lernreflexionen usw.).

Erwartete Kompetenzniveaus: Die Schülerinnen und Schüler sind fähig, in dieser Einheit selbstverantwortlich zu arbeiten, verständnisvoll mit Klassenkameraden umzugehen und die zur Verfügung stehenden Ressourcen effizient zu nutzen. Sie dokumentieren die Entwicklung ihrer Kompetenzen in einem Lernjournal und stellen daraus ein Portfolio zusammen, welches über die verschiedenen Kompetenzaspekte Auskunft gibt und in die Leistungsbeurteilung einbezogen wird (vgl. dazu S. 137 ff.).

Durch die hier vorgenommene Planung wird eine Unterrichtseinheit sichtbar, in der sprachlich-formale, interkulturelle und ethische Fragestellungen gleichermaßen bedeutend sind. Konkrete Umsetzungen dieser Kompetenzziele in Lernaufgaben finden sich in Kap. 5.

3.6 Übersicht: Kompetenzorientierte Planung

Am Ende dieses Kapitels werden die Tätigkeiten des kompetenzorientierten Planens und Unterrichtens in Form von Handlungsstufen dargestellt, die einen lernförderlichen und schülerorientierten Unterricht auf der Basis von Kompetenzzielen ermöglichen sollen. Die unterste Stufe zeigt, wie aus abstrakten (und potenziell einengenden) Bildungsstandards konkrete und reichhaltige Lernumgebungen werden können. Die Standards und darauf aufbauenden Kerncurricula (meist entwickelt von Bildungsministerien o. Ä.) bilden die Grundlage der schulinternen Curricula, und diese schließlich sind die Basis für die konkreten Lehr- und Lernarrangements in einzelnen Fächern. Die Lehrkräfte können meistens auf Vorarbeiten bei der „Übersetzung" von Bildungsstandards in Unterricht zurückgreifen, sollen aber auch selbstständig planerisch tätig werden, denn genau darin liegt die Gestaltungsfreiheit und der pädagogische Reiz einer kompetenzorientierten Unterrichtsgestaltung.

Lehrkräfte haben dabei die Aufgabe, die allgemeinen Rahmenbedingungen an die gegenwärtige Situation ihrer Lernenden (Vorwissen, Interessen, Abneigungen usw.) sowie den zukünftig erwarteten Output (schul- und klassenspezifische Kompetenzziele) anzupassen. Dabei werden abstrakte Zielvorgaben mit einem konkreten Inhalt versehen und thematisch ausdifferenziert. Es werden also die großen Linien und Problembezüge eines Themas geklärt, ohne diese bereits in einer kleinmaschigen Stoffplanung zu zergliedern.

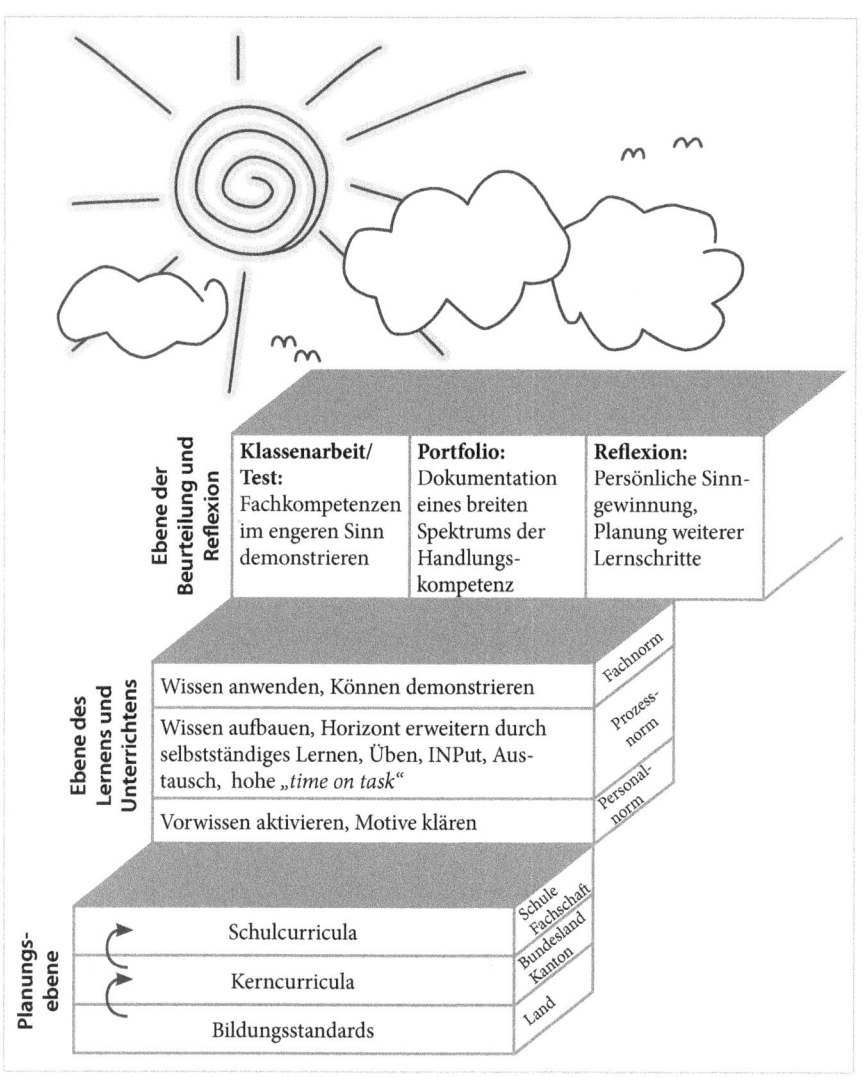

Tätigkeiten der kompetenzorientierten Planung und Durchführung von Unterricht

Die Schritte auf der mittleren Stufe betreffen erstens die Ebene des Lernens und Unterrichtens: das Vorwissen der Lernenden aktivieren und günstige motivationale und affektive Bedingungen für weiteres Lernen herstellen (vgl. Kap. 4). Dazu müssen zweitens gute Lernaufgaben treten, in denen die Jugendlichen ihren persönlichen Horizont erweitern und Sicherheit in wichtigen fachlichen Teilfertigkeiten erlangen können (vgl. Kap. 5 und 6).

Abgehoben vom Bereich der Leistungs*erbringung* ist der Bereich der Leistungs*beurteilung* zu sehen, welcher auf der obersten Stufe dargestellt ist. Ziel dabei ist, die individuelle fachliche Handlungskompetenz so adäquat und vollständig wie möglich zu erfassen, nach transparenten Kriterien zu beurteilen und daraus Schlüsse für das weitere Lernen zu ziehen. Eine wichtige Funktion dabei können Klassenarbeiten oder Tests spielen, in denen klar definierte Sprachkompetenzen erfasst werden sollen. Darüber hinaus müssen zwingend auch Kompetenzen beachtet und gewürdigt werden, bei denen sich die Lernenden von anderen unterscheiden und die *nicht* vergleichbar oder standardisierbar sind. Eine gute Möglichkeit dazu ist der Einsatz von Lernjournalen und Portfolios (vgl. Kap. 7).

Individualität, Heterogenität und Diagnose

4.1 Autonom, aber zielgerichtet lernen

Kompetenzziele und Bildungsstandards stellen die Rahmenbedingungen des kompetenzorientierten Unterrichts dar. In diesem Kapitel steht die Frage im Zentrum, wie Englischunterricht auf der Basis solcher Ziele schülerorientiert gestaltet werden kann. Im besten Fall können Kompetenzorientierung und Individualisierung des Unterrichts sich gegenseitig herausfordern: dann nämlich, wenn der Erwerb von fachlicher Handlungskompetenz beim Lernenden als Individuum ansetzt, beim vorhandenen Vorwissen, bei den eigenen Interessen oder beim Willen einer Person, etwas Neues zu lernen und zu leisten. Einerseits soll das Lernen an klaren Zielsetzungen und Normen ausrichtet sein, denn hohe fachliche Leistungen müssen eigens abgesichert werden und ergeben sich nicht automatisch durch das Stellen interessanter Aufgaben oder durch ein positives Lernklima (Fend 2001, 82). Andererseits soll der Unterricht auch variabel und facettenreich sein, er soll Wahlmöglichkeiten und individuelle Lernwege zulassen und den Jugendlichen erlauben, ihr Lernen selber zu regulieren und zu steuern. Im Folgenden werden Möglichkeiten aufgezeigt, wie mit diesem Dilemma didaktisch kreativ umgegangen werden kann.

4.2 Bedeutung des Vorwissens

Kompetenzerwerb als individueller Konstruktionsprozess wird in jedem Fach durch das verfügbare Vorwissen und den dadurch beschriebenen Verständnishorizont maßgeblich beeinflusst. Mit steigender Komplexität von Aufgaben und Problemstellungen nimmt auch die Bedeutung des spezifischen Vorwissens für deren erfolgreiche Bearbeitung stetig zu (Helmke 2003, 23).

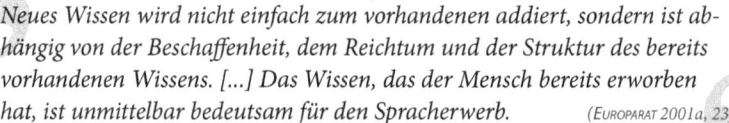

Neues Wissen wird nicht einfach zum vorhandenen addiert, sondern ist abhängig von der Beschaffenheit, dem Reichtum und der Struktur des bereits vorhandenen Wissens. [...] Das Wissen, das der Mensch bereits erworben hat, ist unmittelbar bedeutsam für den Spracherwerb. (Europarat 2001a, 23)

Mangelnde Verknüpfung neu gelernter Teilfertigkeiten mit bereits bestehenden führt dazu, dass neues Wissen nicht angewendet wird.

Auf der Sekundarstufe kommt dem Vorwissen eine besondere Bedeutung zu: Schülerinnen und Schüler haben oft schon lange „Lernkarrieren" hinter sich, wenn sie sich einem Thema zuwenden. Sie bringen deshalb ebenso hoch entwickelte wie heterogene Handlungskompetenzen und Vorwissensbestände mit (Köller et al. 2004, 696). Wir brauchen also didaktische Konzepte, um das Vorwissen der Lernenden aktiv zu nutzen und weiterzuentwickeln. Dabei wird eine Didaktik eingefordert, welche die Lernenden zu aktiven Mitspielern eines Unterrichts macht, in dem ihre Konzepte und Ideen einen wichtigen Platz haben und den Unterrichtsablauf aktiv steuern.

GERade fortgeschrittene Lernende entwickeln zunächst oft individuelle Zugänge zum schulischen Lernstoff, die nicht in jedem Fall mit den Intentionen oder Vorstellungen der Lehrkraft übereinstimmen. Anstatt diese vorschnell als Fehlleistungen zu kategorisieren, geht es darum, individuelle Lösungsansätze als viable Wege zu erkennen und als eigenständige Schülerleistungen zu interpretieren (Hascher/Hofmann 2008, 48). Dazu brauchen Lehrkräfte fachspezifische diagnostische Fähigkeiten, wenn es darum geht, Fragen und Hypothesen zu vorliegenden Schülerarbeiten zu entwickeln und daraus Handlungsmöglichkeiten für den Unterricht abzuleiten. Sie müssen die Lernenden entsprechend ihren Voraussetzungen gezielt unterstützen und den Unterricht adaptiv gestalten, sodass zu jeder Zeit Ergänzungen, Erweiterungen und Alternativen vorgenommen werden können, die auf die Initiative der Schüler zurückgehen (Edmondson/House 2000, 318).

Individuelle Lösungsansätze anerkennen

4.3 Heterogenität: normal und notwendig

Im Unterricht trifft ein einziges Lernangebot immer auf unterschiedliche Nutzerinnen und Nutzer. Da es sich beim Sprachenlernen weitgehend um einen individuellen Konstruktionsprozess handelt, weisen Schülerinnen und Schüler mit zunehmender Lerndauer auch bei identischem Unterricht und gleicher Lernzeit unterschiedliche Wissensbestände auf. Mit zunehmendem Alter und Reife erhöht sich diese Heterogenität nicht nur bezüglich des fachlichen (Vor-)Wissens, sondern auch bezüglich der Interessen, Einstellungen, Lern- und Denkstile, Lernstrategien, Motivation sowie der affektiven Idiosynkrasien der Lernenden (Jiménez Raya/Lamb 2003, 13). Allerdings ist es für Lehrkräfte oft verlockend, von einer relativ ausgeprägten Homogenität in einer Klasse auszugehen und zu unterstellen, dass die Lernvoraussetzungen und Ausgangslagen aller Schülerinnen und Schüler vergleichbar seien, dass ihre Fähigkeiten und ihr Leistungsvermögen ähnlich gut ausgebildet seien und Lernschritte von allen im Gleichschritt vollzogen würden („Homogenitätshypothese"; Hallet 2011, 59). Dieses „Lernen im

Es gibt kein Lernen im Gleichschritt

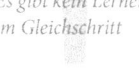

Gleichschritt" kommt aber nur einem kleinen Teil der Lernenden wirklich entgegen: Einerseits reicht schon ein kleiner Lernrückstand aus, um völlig den Anschluss zu verpassen (PARADIES et al. 2007, 14). Andererseits gibt es immer Lernende, die im Unterricht unterfordert sind und das „Faulenzen auf hohem Niveau" kultivieren.

Heterogenität beim Lernen ist normal

Heterogenität beim Lernen ist normal und in den kognitiven Prozessen des Fremdsprachenerwerbs begründet. Lernende folgen in ihren Äußerungen weder den Regeln der Muttersprache noch der Zielsprache, sondern einer individuell geprägten und einzigartigen Lernersprache *(interlanguage)*. Diese stellt ein System von Regeln und Hypothesen dar, die sich ein Lerner zu einem bestimmten Zeitpunkt im Lernprozess gebildet hat *(interim grammar)*. Gleichzeitig kann man sich die Lernergrammatik als Zeitachse vorstellen, wobei das interne Regelsystem dauernd in Richtung der Zielsprache umgebaut wird *(interlanguage continuum;* ELLIS 1994, 350 ff.). Auch fehlerhafte Strukturen sind systematischer Bestandteil dieser individuellen Sprachkompetenz, ohne die es keine Veränderung oder Verbesserung geben kann. Das komplexe Neben- und Miteinander von Wissenselementen und Sprachregeln im Kopf der Lernenden ist die Voraussetzung für die Entwicklung von höherer Kompetenz, etwa wenn Lernende gewissen Sprachformen neue Funktionen zuordnen oder beginnen, die interne Struktur von Sätzen und Phrasen zu analysieren, welche sie bisher nur als stehende Wendungen *(chunks)* begriffen hatten.

Zu dieser interindividuellen kommt eine *intra*individuelle Heterogenität hinzu, nach der sich dieselben Lernenden in verschiedenen Kontexten unterschiedlich verhalten. In neuen und ungewohnten Situationen tauchen plötzlich wieder alte, „niederere" Strukturen und Fehler auf, die eigentlich

Fehler sind oft ein Zeichen für Fortschritt

schon als überwunden galten *(backsliding;* SELINKER 1972, 212). Diese Tatsache impliziert aber weder Instabilität, Unsicherheit noch Unausgeglichenheit der betroffenen Person; vielmehr ist Sprachkompetenz immer geprägt durch „ein kurzlebiges Profil und eine veränderliche Konfiguration" (EUROPARAT 2001a, 133). Für den Unterricht ist dies bedeutsam, weil sprachliche Variabilität und Heterogenität nicht als Störfaktoren, sondern als Wachstumsindizien im Erwerbsprozess betrachtet werden. Oft sind auch „falsche" und scheinbar verquere Ideen und Konzepte entwicklungsfähig oder stellen notwendige Zwischenschritte beim Erwerb höherwertiger Sprachkompetenzen dar.

GERade am Anfang darf der Anspruch von Fehlerlosigkeit die Lernprozesse nicht zu stark prägen. Es geht dabei (noch) nicht darum, die Schülerinnen und Schüler an bestimmten Normen zu messen, sondern sie herauszufordern, Erfolg versprechende Ideen wahrzunehmen, und ihnen die Gelegenheit zu geben, diese zu nutzen. Schüleräußerungen können dabei gleichzeitig persönlich-kreative und normativ-sachliche Qualitäten aufweisen, die parallel zueinander entwickelt werden. Damit dies gelingt, müssen einerseits die linguistisch-kognitiven Fähigkeiten gefördert und andererseits auch die persönlichen Zugänge, Einstellungen und Interessen der Lernenden ernst genommen und weiterentwickelt werden.

Den Lehrkräften kommt damit die schwierige Aufgabe zu, eine Passung der Unterrichtsinhalte an die Lernvoraussetzungen der Schülerinnen und Schüler zu erreichen. Folgende didaktische Prinzipien bei der Gestaltung von Lernarrangements sind dabei zentral:

- **Pluralität:** Die Themen, Aufgabenstellungen und Lernangebote sowie die damit verbundenen Interaktions- und Arbeitsformen sollten eine gewisse Bandbreite umfassen; diese Pluralität soll den Lernenden individuelle Anknüpfungspunkte ermöglichen, ihre Interessen und Neigungen ansprechen und ihnen verschiedene Arbeitsverfahren und Lernwege eröffnen.
- **Wahlmöglichkeit:** Aufgaben, INPuts und Aufträge sollen den Jugendlichen die Auswahl von Inhalten, Methoden oder Lernwegen ermöglichen. Dazu gehört auch, dass sie z. B. bei Texten und Materialien eine Auswahl treffen oder eigene Materialien verwenden dürfen, die das Thema bereichern oder ergänzen. Damit sollen sie sich den Lerngegenständen entsprechend ihren Interessen und persönlichen Lernvoraussetzungen annähern können.
- **Offene Aufgaben:** Die im Unterricht verwendeten Aufgabenstellungen sollten die Lernenden wenn möglich nicht auf ein einziges Verfahren oder eine bestimmte Arbeitsmethode festlegen (zumindest nicht über einen längeren Zeitraum). Komplexe Kompetenzaufgaben sollten verschiedene Antworten zulassen und „ergebnisoffen" sein, d.h., es sollten verschiedene Verarbeitungstiefen und individuelle Problemlösungen möglich sein.
- *Scaffolding:* Beim Lernen und den damit verbundenen kognitiven und sprachlichen Prozessen brauchen die jungen Menschen geeignete Unterstützung, welche sich an ihren Vorwissensbeständen, Begabungen und Fähigkeiten ausrichtet. Dazu gehören lernförderliche Rückmeldungen genauso wie die Bereitstellung von geeigneten Strukturübungen oder Glossaren, multimedialem Materialinput oder Hinweisen zur Strukturierung des Lern- und Arbeitsprozesses.

- **Ganzheitlichkeit:** Ganzheitliche Verfahren des Fremdsprachenlernens versuchen, die gesamte Lernerpersönlichkeit mit all ihren Ausprägungen in den Blick zu nehmen und zu fördern. Dies kann dadurch erreicht werden, dass Aufgaben, Materialien oder Lernformen mehrere Begabungen und Intelligenzen ansprechen (z. B. bildlich-räumliche oder interpersonale Intelligenz; vgl. PARADIES et al. 2007, 75 ff.). Diese Ganzheitlichkeit entspricht einerseits der Multimodalität des *INPuts,* wobei sprachliche Angebote in verschiedenen Formen mit nicht sprachlichen Darstellungsformen verbunden werden (Bilder, Grafiken usw.). Sie betrifft andererseits auch den *Output* des Lernens im Sinne der Produkte, die die jungen Menschen dabei erstellen sollen. Besonders die Leistungsbeurteilung darf nicht bloß auf das einseitige Abprüfen von sprachlich-formalen Fähigkeiten beschränkt sein, wie das meist in Klassenarbeiten geschieht. Daneben müssen die Lernenden auch Leistungen in anderen Situationen zeigen *(presentations,* Ausstellungen usw.) und dabei ein breites Spektrum an Kompetenzen dokumentieren können. Dazu gehört auch die Möglichkeit zum Erschaffen unterschiedlichster Lernprodukte (Essays, Gedichte, Reden, *scripts,* Grafiken, Mindmaps, Bilder usw.), die zum Teil über einen längeren Zeitraum erstellt wurden.
- **Abwechslung:** Lernarrangements sollten so angelegt werden, dass Begabungen und Interessen, die an einer bestimmten Stelle zu kurz kommen, zu einem anderen Zeitpunkt angesprochen werden. Über den Verlauf einer Einheit sollte so eine Vielzahl von individuell verfügbaren Lernvoraussetzungen zum Tragen kommen und auch ein breites Spektrum an unterschiedlichen Kompetenzen gefördert werden (aufbauend auf HALLET 2011, 91 f.)

4.4 Diagnosekompetenz

Aus den hier dargestellten Befunden zur Heterogenität als normalem und notwendigem Teil von Lernprozessen geht hervor, dass Diagnosekompetenz als zentraler Aspekt der pädagogischen Professionalität zu sehen ist.

Dabei sind folgende Aspekte zentral:
- keine künstliche (d. h. dienstlich verordnete) Aufblähung von Diagnosetätigkeiten, sondern eine qualitative Verbesserung im Dienste der Lernförderung;
- Entwicklung von tragfähigen Konzepten des Beratens und Beurteilens, welche die individuellen Lernvoraussetzungen und Kompetenzentwicklungen der Jugendlichen in den Blick nehmen;

- Schärfung des diagnostischen Blicks auf Lernprozesse und deren Bedingungen, besonders auch für die Qualitäten und Erfolg versprechenden Konzepte (aufbauend auf PARADIES et al. 2007, 15).

In der Praxis ist dazu ein Dreischritt nötig, bestehend aus a) diagnostizieren (die Kompetenzen der Schülerinnen und Schüler an gewissen Merkmalen erkennen und unterscheiden); b) fordern (konkrete Entwicklungsziele festlegen und verlangen, dass die Person Fortschritte macht) und c) fördern (die Person beim Lernen gezielt unterstützen). Lerndiagnosen können sich auf unterschiedliche Gegenstandsbereiche beziehen, die verschiedene Konsequenzen oder pädagogische Reaktionen nach sich ziehen sollten:

Gegenstand	Beschreibung	Fördermaßnahmen
Lernprobleme	Leistung unterhalb der tolerierbaren Abweichungen von verbindlichen institutionellen oder individuellen Bezugsnormen	• Förderpläne, -programme, -unterricht • zusätzliche Übungen oder Unterstützung
Lernbegabung	Leistungen oberhalb der Bezugsnormen, spezielle Begabungen und Fähigkeiten	• Begabungsförderung • Talentförderung
Lernverhalten	Persönlichkeitsentwicklung, personenbezogene Aspekte	• Lernvermeidungsstrategien abbauen • Lernstrategien entwickeln

Gegenstände und Konsequenzen von Lerndiagnosen (vgl. PARADIES et al. 2007, 16 f.)

Es geht hier um eine pädagogische Diagnostik, welche die Voraussetzungen und Bedingungen von Lehr- und Lernprozessen ermittelt, diese Prozesse analysiert und Lernergebnisse feststellt, um individuelles Lernen zu optimieren (INGENKAMP 1989, 423). In der Praxis lassen sich diese Ansprüche mit unterschiedlichen Aufgabentypen umsetzen. Der erste Typ arbeitet im Sinne einer Abfrage von *discrete items,* die sich nach dem Prinzip richtig oder falsch evaluieren lassen. Ein Beispiel wäre hier eine *listening comprehension,* wobei die Lehrkraft verschiedene Teilaufgaben stellt und nachher schaut, wie viele davon eine Schülerin oder ein Schüler beantworten konnte. Ein Vorteil dieser Arbeitsform ist, dass der Geltungsbereich der Diagnose genau bekannt und die Daten deshalb relativ einfach interpretierbar sind (HALLET 2011, 77 f.).

Diagnose-instrumente zielgerichtet einsetzen

Ein zweiter Aufgabentyp arbeitet mit der Gradierung der zu diagnostizierenden Leistung entlang von Niveaustufen. Als Beispiel könnten wir uns Kompetenzdimensionierungen (vgl. S. 48) oder Beurteilungsraster vorstellen. Die Lehrkraft wird dabei einen Text oder eine Arbeit der Lernenden daraufhin analysieren, in welchem Umfang sich darin die angezielten Kompetenzdimensionen widerspiegeln oder noch Defizite bestehen.

Bei diesen Aufgabentypen handelt es sich um eine eher rückwärtsgewandte Diagnostik: Was kann jemand in einem Fachbereich bereits, was noch nicht? Daneben sollte die pädagogische Diagnostik allerdings auch das Potenzial der Lernenden in Bezug auf die *zukünftige* Bearbeitung eines Themas aufzeigen: Über welche spannenden oder aufbaufähigen Konzepte und Ideen verfügen die Lernenden bereits? Wie lassen sich diese in fachliches Wissen übertragen? Besonders der erste Aufgabentyp ist dazu nicht geeignet, da dabei nur erfasst wird, ob jemand eine bestimmte Erwartung erfüllt. Pädagogisch besonders wertvoll sind jedoch diagnostische Aufgaben, die unerwartete und überraschende Potenziale der Jugendlichen aktivieren. Dieser Aufgabentypus kommt in Publikationen zum Thema oft zu kurz, ist für das Lernen aber herausragend wichtig und wird im Folgenden vertieft dargestellt.

Potenzial aktivieren und Überraschungen möglich machen

4.5 Singuläre Standortbestimmung

Eine konkrete Arbeitsform zur Diagnose und Aktivierung von persönlichem Lernpotenzial ist die „singuläre Standortbestimmung" (RUF/GALLIN 2005a, 27 ff.). Dabei sind Lernende zu Beginn der Auseinandersetzung mit einer Sache eingeladen, alle vorhandenen Ressourcen einzubringen und anderen Menschen Einblick zu geben in die Position, die sie der Sache gegenüber einnehmen. Ziel dabei ist, die persönlichen Motive und das verfügbare Vorwissen zu klären und für weiteres Lernen nutzbar zu machen. Lernende können auch aufgefordert werden, ihr Vorgehen bei einer Aufgabe aufzuzeichnen oder alles aufzuschreiben, was ihnen bei der Bearbeitung durch den Kopf geht (edb., 19). Damit dokumentieren sie, wie sie beim Problemlösen oder beim Verarbeiten von Informationen vorgehen und welche emotionalen und volitionalen Prozesse sich dabei abspielen. Neben fachlichen Konzepten kann dies auch Wahrnehmungen der Angst oder Freude beinhalten.

Diese Konzepte und Beiträge der Lernenden sollen so als *bedeutsam* anerkannt, *explizit* und damit für das weitere Lernen bearbeit- und *veränderbar* gemacht werden. Dies bedeutet auch, diesen Beiträgen im Unterricht (phasenweise) Priorität zu geben gegenüber den Beiträgen und INPuts der Lehrperson (LEGUTKE/THOMAS 1991, 21). So kann z. B. zu Beginn einer Unterrichtseinheit, in der es um Gedichte geht, der einfache Auftrag stehen: „Schreiben Sie ein Gedicht!" (Pfau 2008, 70). Anhand der Produkte, die daraufhin entstehen, lassen sich sowohl die Sprachmittel einschätzen, über die Schülerinnen und Schüler bereits verfügen, als auch ihre Konzepte vom Genre Gedicht. Beides kann anhand der Schülerarbeiten untersucht und gemeinsam besprochen werden, um darauf weitere Lernschritte aufzubauen. Rumpf (1994, 115) spricht in diesem Kontext – mit Rückgriff auf die Arbeiten Wagenscheins (1968) – von einem „sinnierenden Nachdenken", welches ein vertieftes Verständnis eines Sachverhalts zum Ziel hat. Anstelle der frühen Instruktion von Fachwissen steht das Ausloten von Lernpotenzialen im Vordergrund. Dies ist besonders dann wertvoll, wenn neben Defiziten individuelle Begabungen von Lernenden erfasst und explizit gemacht werden sollen. Auch eine differenzierte Diagnose von lernförderlichen oder lernhinderlichen Motiven der Lernenden wird so konkret ermöglicht.

Lernpotenziale ausloten

Für die oben erwähnte Einheit *Where does my money go?* wären folgende Vorschläge für „singuläre Standortbestimmungen" denkbar:

Mündliche Variante, Gruppen von 3–4 Lernenden:

- How do you feel about the topic *money*? How relevant is it to you?
- Think about how you spend your own money. How much do you have at the beginning of each month? What do you spend it on?
- How do different members of your group make do with the money they have? How do they feel about this topic in general? Exchange ideas and be prepared to share some thoughts with the whole class.

Schriftliche Variante, 10 Min. Einzelarbeit, dann *peer feedback*:

- Write a short text about how you spend your own money. How much do you have at the beginning of each month? What do you spend it on? Make your thoughts as clear as possible but do not worry about mistakes; write about 100 words.
- Express your feelings about *money* in general: How relevant is this topic to you and what interests you about it?
- Exchange your text with a partner and give him/her a short feedback: What was interesting for you in your classmate's text? Do you have similar experiences or feelings?

> **Singuläre Standortbestimmung**
> Formulieren Sie eine singuläre Standortbestimmung für ein eigenes Thema oder eine Unterrichtseinheit. Diese soll sowohl das Vorwissen der Lernenden als auch ihre Einstellungen zum Thema explizit werden lassen.

Das diagnostische Potenzial dieser Arbeitsform besteht darin, möglichst viele interessante und kontroverse Konzepte, Haltungen oder Motive der Lernenden an die Oberfläche zu heben und für die folgende Unterrichtseinheit relevant werden zu lassen. Die Schülerinnen und Schüler sollen gleich zu Beginn merken, dass ihre Gedanken wichtig sind, dass sich jemand für ihre Ideen interessiert und dass diese einen wichtigen Beitrag zum Unterricht darstellen.

Gleichzeitig kann diese Arbeit auch der Diagnose der *sprachlichen* Fähigkeiten dienen: Die Lehrkraft kann detailliert beobachten, über welche formal-sprachlichen Kompetenzen die Lernenden bereits verfügen und wo noch INPut und weitere Entwicklungen nötig sind. Allerdings besteht ihre Rolle in dieser Phase weniger im Instruieren oder Korrigieren als im Zuhören und Unterstützen. Bei Gruppenarbeit könnte sie die Lernenden beobachten und sich Notizen machen; dabei müsste aber klar sein, dass sie mit einem „lerndiagnostischen Blick" schaut und die einzelnen Äußerungen nicht bewertet werden. Bei der Diskussion im Klassenverband können zentrale Ideen und Konzepte gesammelt und für die weitere Arbeit gesichert werden. Im Falle der schriftlichen Bearbeitung kann die Lehrperson die Texte der Lernenden lektorieren oder ihnen kurze, lernförderliche Rückmeldungen dazu geben.

Pädagogische Diagnostik wird hier also verstanden als umfassendes „An-die-Oberfläche-Heben" der Ressourcen, Ideen und Einstellungen der jungen Menschen. Die Fachkompetenz, die neu erworben werden soll, muss in jedem Fall auf dem „Sockel" des individuellen Vorwissens und der persönlichen Lernmotive aufbauen, diese mit einbeziehen und umstrukturieren. Sonst besteht immer die Gefahr, dass neues Wissen ein Fremdkörper bleibt, für die nächste Prüfung gelernt und nachher rasch wieder abgestoßen wird.

4.6 Blick für Qualitäten schärfen!

Erfolg versprechende Konzepte von Lernenden zu erkennen, ist nicht einfach, besonders wenn Texte oder Äußerungen am Anfang einer Lerneinheit entstehen und unfertig oder fehlerhaft sind. Doch auch diese enthalten (manchmal nur vereinzelt) gelungene Stellen, die sich zu inhaltlich beschreibbaren Leistungen verdichten lassen. Dabei kann es sich um einen interessanten Gedanken, eine weiterführende Einsicht, aber auch um eine besonders gelungene sprachliche Umsetzung eines Gedankens handeln.

Das folgende Beispiel stammt aus der Unterrichtseinheit *Writing A Letter* (vgl. Kap. 2). Ausgangspunkt war eine E-Mail der Schülerin Laura an ihre Lehrerin, in der sie diese um einen Gefallen bat (8. Jahrgangsstufe, Realschule).

> Dear Sr. Anna-Maria
> I want to ask you for a favour: I ask you to start earlier with the lesson, because we always finish the lesson to late. That's a big problem for the class and the other teachers!
> Because when we finish to late haven't we a brake and so we can't go to the toilet or change the room in a other lesson. That's very bad for us. And another problem is: When we have a little talk about a exercise in a group then you often throw people out of the classroom and that's not ok for us. Please, make it better for us!!!
> I hope you think the same way! See you, Laura

E-Mail der Schülerin Laura an ihre Lehrerin, Projekt Writing a Letter

An diesem Beispiel wird nun aufgezeigt, wie die „Schärfung des Blicks für Qualitäten" in einer Gruppe von Kolleginnen und Kollegen geschult werden kann. Im vorliegenden Fall ging eine Gruppe von Englischlehrpersonen von folgenden Fragen aus:

Qualitäten als Gruppe von Fachkollegen suchen

- Welche sprachlichen und metasprachlichen Fähigkeiten zeigen sich in diesem Text? Wie lassen sich diese benennen?
- Welche lernförderliche Rückmeldung könnte man dieser Schülerin geben? Wo muss sie sich verbessern?
- Welche Konsequenzen ergeben sich für die weitere Unterrichtsgestaltung?

Es sollte also individualdiagnostisch gearbeitet und darauf aufbauend weiterer Unterricht geplant, z. B. Bedarf nach zusätzlicher Instruktion abgeklärt, spezifische Übungen ausgesucht werden usw.

> **Qualitäten sehen**
> Beantworten Sie die oben gestellten Fragen für sich selber und vergleichen Sie Ihre
> Eindrücke mit jenen der Gruppe (unten).

Auf den ersten Blick mögen einem eher Defizite als Qualitäten auffallen. GERade deshalb ist er ein gutes, realistisches Übungsbeispiel, da die Qualitäten unter einer Menge „Holzwolle" aufgestöbert werden müssen. Die Gruppe verwendete in dieser Phase kein Beurteilungs- oder Diagnoseraster mit vorgegebenen Kriterien. Solche Raster lenken zwar die Aufmerksamkeit auf zentrale Kategorien von Schülerleistungen und ermöglichen damit eine genauere Beschreibung in bestimmten Bereichen. Sie decken aber immer nur einen Teil der tatsächlichen Leistung ab und können den Blick auf jene Kategorien einengen, welche im Raster enthalten sind. Hier geht es jedoch um einen offenen, hermeneutischen Prozess, bei dem man sich von den überraschenden Eigenschaften des Textes ansprechen lässt und nachher versucht, diese bestimmten Kompetenzen zuzuordnen.

Nicht bewerten, Nachdem die ganze Gruppe den Text still gelesen hatte, äußerte „Kollegin
sondern 1" (K1) spontan ihre Gedanken zur ersten Frage (oben). Sie versuchte dabei
beschreiben in Sprache zu fassen, wie Lauras Brief auf sie wirkte und welche Qualitäten
ihr bei einer ersten Durchsicht aufgefallen waren:

Es ist klar, was ihr Anliegen ist, das ist eigentlich positiv ... Und sie bittet jetzt auch darum, dass darauf reagiert wird. Sie sagt, dass es nicht nur für sie schlecht ist, sondern insgesamt auch für die anderen Lehrer – wie auch immer bringt sie da verschiedene Aspekte rein. Und das find ich ist ein netter Satz eigentlich: „I hope you think the same way" [Pause]. Da findet sie ... da versucht sie, einen direkten Kontakt herzustellen. [...] Ich finde, sie ist nicht zu fordernd, sondern sagt es ganz relativ neutral und gar nicht sehr wertend, eigentlich. Auch das „I want to ask you for a favour", das ist eine freundliche Einleitung.

Für ihre spontane Analyse erhielt die Kollegin Lob aus der Gruppe: Sie hatte den positiven Grundton des Briefes angesprochen und zwei sprachliche Mittel identifiziert, die zu dieser Wirkung beitrugen. Nun hatten die anderen Teilnehmenden (K2–K4) die Möglichkeit, einzelne Punkte vertieft anzusprechen oder weitere Qualitäten zu benennen. Im Folgenden ist ein Ausschnitt aus dieser Diskussion transkribiert:

K 1: *„Please make it better for us", das find ich jetzt also recht dick aufge-*
tragen. Da müsste man als jemand, der was möchte, aufpassen, dass
man nicht zu heftig wird.

K 4: *A-hmm [drückt Zustimmung aus]*

K 1: *Ich weiß nicht, wie sie selber mit so einem Kommentar umgehen wür-*
den, wenn sie den kriegen würden. [...]

K 2: *Ich finde diese Formulierung ... Es gehört auch etwas Mut dazu, wenn*
man einer Lehrerin etwas so sagt, und solche Formulierungen wie im
ersten Satz oder hier bei „I hope you think the same way", da versucht
sie, so scheint es mir, wieder etwas in die Balance zu setzen.

K 1: *Aha! OK! Hmmm ...*

K 2: *Einfach so, ich übe schon Kritik, aber so ist es auch nicht gemeint. Also*
ein bisschen, ja... nein, das ist nicht so ganz richtig: Ich übe Kritik aus,
aber möchte die Kritik auch gleichzeitig ein bisschen entschärfen.

K 1: *Aaah ja, ja, hmm, hmm ...*

K 4: *Gut, gut ...*

K 2: *Also, ich möchte mich schon äußern, aber ich möchte auch nicht, dass*
es übel genommen wird.

K 1: *Ja, das stimmt schon.*

K 3: *Diese Balance, das hatte ich gar nicht gesehen ... Dass sie sagt, das ge-*
fällt uns nicht so, aber das müssen Sie auch einsehen, dass es vielleicht
besser wäre, also sie gleicht das immer wieder aus.

K 4: *Bemühen um Balance, ah ja, das stimmt.*

In der Diskussion schälte sich heraus, dass Laura mit dem geschickt gewähl-
ten Satz „I hope you think the same way" versucht hatte, eine Balance herzustellen zwischen ihrer Bitte und dem möglichen „Gesichtsverlust" für die
Adressatin. Dies stellt ein wesentliches Merkmal vieler sprachlich kodierter
Höflichkeitsformen dar. Dahinter verbirgt sich die Absicht, dass bei einer
Bitte alle Beteiligten ihr „Gesicht wahren können" (BROWN/LEVINSON 1994,
61). Ein universelles Mittel zur Herstellung dieser Balance sind Humor und
Ironie (ebd., 221). Diese Qualitäten sind in Lauras Text deutlich ausgeprägt,
etwa in der witzigen Begründung für die Störung des Unterrichts („when we
have a little talk about a exercise"). Dieser Einsatz von Humor wurde erst in
der Gruppendiskussion entdeckt, wobei sich die Betrachtungen der Lehrpersonen gegenseitig bereicherten und ergänzten.

Im Verlauf dieser Diskussion entwickelte sich auch ein produktiver Dis-
put über den Umgang mit Fehlern im Lernprozess. Zwei Lehrpersonen
hielten die Verwechslung von „brake" und „break" in Lauras Text für gravie-

Acht Augen sehen
mehr als zwei

rend, eine andere schätzte den Fehler als „Oberflächenphänomen" ein. Dies ist typisch, da Lehrkräfte unterschiedliche Fehlertoleranzen aufweisen und Fehler auch unterschiedlich klassifizieren und sanktionieren (Edmondson/House 2000, 218). In der Diskussion fand die Gruppe gemeinsam eine Möglichkeit, wie ein solcher Fehler produktiv genutzt werden könnte: Das betreffende Wort könnte unterstrichen werden und die Schülerin den Auftrag erhalten, der Sache selbstständig nachzugehen und ihren Text zu korrigieren.

Es gibt vielfältige Hinweise darauf, dass Lehrpersonen mit guten fachlichen Grundqualifikationen relativ rasch solche lerndiagnostischen Fähigkeiten erwerben können: „With experience, many teachers become skilled judges and observers capable of evaluating the quality of language performances and making fine-grained diagnoses of learners' difficulties" (Ellis 2003, 315). Je mehr sie darüber wissen, wie ihre Schülerinnen und Schüler Lernaufgaben nutzen, welche spezifischen Ideen und Konzepte sie dazu besitzen und wo sie Unterstützung benötigen, desto besser können sie ihr Angebot auf deren Bedürfnisse ausrichten.

Die dafür notwendige planende und evaluative Arbeit kann in einer Gruppe besonders gut geübt werden, da dort Erfahrungen ausgetauscht und Fragen zeitnah geklärt werden können. Haben Lehrkräfte mehr Sicherheit in der förderdiagnostischen Kompetenzanalyse gewonnen, können sie diese auch alleine durchführen bzw. darauf aufbauend selber weiteren Unterricht planen.

4.7 Von der Diagnose zur Rückmeldung

Wenn Lehrkräfte ihre Erkenntnisse aus einer Lerndiagnose kommunizieren, machen sie *formative assessment* und geben damit den Lernbemühungen der Schülerinnen und Schüler eine Richtung vor:

[F]ormative assessments – ongoing assessments designed to make students' thinking visible to both teachers and students – are essential. They permit the teacher to grasp the students' preconceptions, understand where the students are in the „developmental corridor" from informal to formal thinking, and design instruction accordingly. (Bransford et al. 2000, 24)

Dabei steht nicht der einschätzende, sondern der verstehende Aspekt von Rückmeldungen im Vordergrund. Die Lehrpersonen versuchen, persönlich auf die Produkte der Lernenden zu reagieren und diese auf gelungene Anteile oder Erfolg versprechende Konzepte hin zu analysieren. Besonders wertvoll ist es, wenn solche Rückmeldungen schon früh im Lernprozess erfolgen, damit die Lernenden noch Gelegenheit haben zu reagieren.

In der Praxis lehnen viele Lehrkräfte formative Rückmeldungen ab, da diese unter Zeitdruck erstellt werden müssen oder den Gütekriterien psychologischer Testverfahren (Objektivität, Validität, Reliabilität) nicht genügen. Solchen Bedenken kann man entgegenhalten, dass Lehrerdiagnosen während des Unterrichts keineswegs besonders genau zu sein brauchen, wenn sich die Diagnostiker der Ungenauigkeit, Vorläufigkeit und Revisionsbedürftigkeit ihrer Urteile bewusst sind (HELMKE 2003, 89). Als besonders fruchtbar hat sich ein individuumszentrierter Maßstab erwiesen, wobei die Lehrkräfte die Leistungen der Lernenden auf Basis der früher erzielten Ergebnisse und der erkennbaren Leistungsveränderungen beurteilen. Solche Prozessbewertungen müssen sich im Gegensatz zu standardisierten Tests nicht durch neutrale Objektivität, sondern durch eine „pädagogisch günstige Voreingenommenheit" auszeichnen (ebd.). Dabei steht das Benennen der individuellen Leistung im Vordergrund, welches auch mit konkreten Fördermaßnahmen verbunden wird.

Die Qualität einer guten Rückmeldung hängt immer vom Lernkontext ab und richtet sich nach den Kompetenzzielen einer bestimmten Unterrichtseinheit. Als generelle Qualitätskriterien guter Rückmeldungen kann man nennen, dass sie

- die Lernenden persönlich ansprechen;
- sie zur Weiterarbeit ermutigen;
- das eigene Textverständnis mitteilen;
- Verstehensschwierigkeiten darstellen;
- Werturteile begründen;
- verständlich sind und
- konkrete Hinweise enthalten, wie Lernende ihre formal-sprachlichen Fähigkeiten verbessern können (spezifisch im Fremdsprachenbereich) (BÖTTCHER/BECKER-MROTZEK 2003, 97).

Dabei kann es hilfreich sein, wenn Lehrkräfte sich Fragen stellen wie: „Was spricht mich an?", „Was beeindruckt mich?", „Was erscheint mir fraglich?". Sie korrigieren einen Text oder eine Äußerung also nicht bloß, sondern reagieren auf den Inhalt, halten weiterführende Gedanken fest, stellen Fragen und tun Interesse kund. Dabei wird der Text weniger als fertiges Produkt und mehr als Arbeitsdokument verstanden, das im Lernverlauf noch verbessert werden kann und soll.

Formulieren Sie zum Text von Laura (S. 65) eine lernförderliche Rückmeldung. Heben Sie die Qualitäten der Arbeit heraus, beschreiben Sie Ihre Reaktion als Leser(in) und formulieren Sie eine oder mehrere Entwicklungslinien.

Die folgende Rückmeldung zeigt exemplarisch auf, wie die Qualitäten in Lauras Text zuerst identifiziert und dann in eine Form gebracht werden können. Dabei wird der Schülerin der eigene Erfolg zurückgespiegelt, danach werden Hinweise für die weitere Arbeit gegeben:

> Dear Laura,
> I like the way you asked for very concrete changes in the English lessons but managed to remain very polite. I think you achieved this by using sentences such as "I hope you think the same way" or "please, make it better for us". These create a kind of balance between your own wishes and the wishes of the addressee.
> While the language of your letter is good, there are some problems with negations (for example "haven't we ..."). Look this topic up in our grammar book (Unit X) or ask me about it!

Beispiel einer möglichen Rückmeldung zu Lauras Text (S. 65)

Mündliche Rückmeldungen sparen Zeit

In der Praxis haben Lehrkräfte selten Zeit, schriftliche Rückmeldungen zu einzelnen Texten oder Produkten abzugeben. Diese können auch mündlich erfolgen oder es können Qualitäten durch Markierungen am Rand (z. B. Ausrufezeichen) kenntlich gemacht werden. Wichtig ist auf jeden Fall, dass der Kommentar wertschätzend ist, die Qualitäten der Arbeit hervorhebt und den Lernenden aufzeigt, wie sie diese weiter ausbauen können. Auch Defizite können angesprochen werden, sollen aber nicht mit Sanktionen, sondern konkreten Möglichkeiten zur Überarbeitung und Verbesserung verbunden werden.

Auch für die Schülerinnen und Schüler entstehen bei dieser Art des Lernens neue Rollen und Aufgaben im Unterricht. Sie können die „Arbeit" nicht einfach der Lehrkraft überlassen, sondern müssen lernen,
- Lernangebote intensiv nach ihren Möglichkeiten zu nutzen und dabei ihr Vorwissen aktiv ins Spiel zu bringen;
- ihre Nutzung einer Aufgabe zu dokumentieren und für Mitschüler und Lehrpersonen einsichtig zu machen;
- von den Beiträgen ihrer Lernpartner zu lernen;

- ihre Fortschritte und ihren Kompetenzerwerb zu reflektieren, zu steuern und bei Bedarf zu verändern;
- Rückmeldungen der Lehrkraft zu verarbeiten, neues Wissen zu generieren und bei neuen Aufgaben wieder anzuwenden.

Eine weitere Möglichkeit des *formative feedback* ist das Instrument der „Autografensammlung". Auch dieses stammt ursprünglich aus der „Dialogischen Didaktik" (RUF/GALLIN 2005a/b) und hat den Zweck, interessante Ideen und Vorgehensweisen der Lernenden weiter zu entfalten, besser zu verstehen und diejenigen herauszuarbeiten, die viel zur Lösung der Aufgabe und zu ihrer fachlichen Verankerung beitragen können. Dabei wählt die Lehrperson mit fachlich geschultem Blick interessante Passagen aus Schülerarbeiten aus, gruppiert diese, setzt markante Titel und bringt sie als „Lehrmittel" wieder in die Klasse ein. In der Diskussion dieser Lernertexte mit der ganzen Klasse kann sie transparent machen, wo sie Qualitäten sieht und welche Aspekte ihr im Umgang mit einem Thema wichtig sind. So werden Handlungsweisen der Lernenden explizit gemacht, die Erfolg versprechend sind und die mit regulären Begriffen und Verfahren des Fachs in Verbindung gebracht werden können. Ein konkretes Beispiel ist die Analyse der E-Mail einer Schülerin, welche die Lehrperson bei *Writing a Letter* mit der ganzen Klasse durchführte (vgl. S. 25).

Diese Analyse von Schülerprodukten durch die Lernenden selber ist für die Entwicklung von Fähigkeiten der kritischen Reflexion besonders aussichtsreich. Die Erklärungen von Lehrpersonen, was eine gute Lösung zu einer Aufgabe ausmacht oder welche Qualitäten sie bei einer bestimmten Arbeit erwartet, sind nicht immer einfach zu verstehen. Gelungene Beispiele der Lernenden enthalten dagegen reiche, oft auch implizite Informationen darüber, was eine gute Leistung in einem Gebiet ausmacht oder mit welchen Mitteln sie zu erreichen ist: „Exemplars convey messages that nothing else can" (SADLER 2002, 136). Ziel dieser gemeinsamen Analysearbeit ist auch, das Wissen der Lehrer-Experten mit der Zeit auf die Lernenden übergehen zu lassen. Ein internalisiertes Verständnis von Qualität ist die Voraussetzung dafür, dass die Jugendlichen selbstständig werden und in die Lage kommen, ihr Wissen in neuen Situationen sicher anzuwenden. Die Analyse von Texten und Äußerungen der Lernpartner ist also kein Selbstzweck, sondern ein wesentlicher Faktor im Aufbau von fachlicher Handlungskompetenz.

Beurteilungswissen auf die Lernenden übergehen lassen

4.8 Fehler als Lernchance

Auch Fehler der Lernenden können diagnostische Informationen sowie wertvolle Hinweise für das weitere Lernen enthalten, wenn sie nicht als Nachweis von „Versagen" gesehen werden. Wenn Freiräume für das „offene Zugehen" auf Fehler geschaffen werden, dann erlauben sie vertiefte Einsichten in die Dynamik des selbstorganisierten systemischen Verhaltens der Schülerinnen und Schüler (WEINERT 1999, 104). Die Bearbeitung „mutiger und intelligenter Fehler" ist für den kompetenzorientierten Fremdsprachenunterricht wertvoll, setzt aber geeignete didaktische Arrangements und ein hohes Maß an Unterstützung aufseiten der Lehrperson voraus.

Zuerst muss die Fehleranalyse von ihrem traditionellen Platz in der Prüfungskorrektur befreit und als notwendiger Teil des Lernprozesses gesehen werden. In einer Prüfung sind Fehler etwas, was Lernende vermeiden sollten (Bewertungsperspektive). Beim Aufbau von Fachkompetenz können Fehler oder Abweichungen von der Norm aber auch als Wagen von Ungewöhnlichem oder Ausprobieren von Neuem gewertet werden (OSER et al. 1999, 59). Unter diesen Voraussetzungen kann die Arbeit am „Falschen" einen wichtigen Beitrag zum Verständnis des „Richtigen" darstellen.

Ein erster Schritt kann darin bestehen, Fehler zwar zu markieren, die Korrektur aber den Lernenden selber überlassen *(minimal marking)*. Die Markierungen dienen als Wegweiser für eine eigenständige Bearbeitung und entlasten die Lehrperson von Detailkorrekturen. Besonders ältere und reifere Lernende auf der Sekundarstufe I und II sind sehr wohl in der Lage, aus unkommentierten, „indirekten" Fehlerkorrekturen zu lernen und teilweise auch generelle Prinzipien der Fremdsprache daraus abzuleiten (FERRIS 2006, 90 ff.). Korrekturcodes sind nützlich, um die Art des Fehlers anzuzeigen und so die Bearbeitung der Fehler zu erleichtern. Dazu ist es notwendig, diese Codes mit den Lernenden zu besprechen und auch ihre Funktion zu klären. Zudem können die Lernenden ihre Arbeiten gegenseitig korrigieren, dabei den „produktiven" Umgang mit Fehlern üben und gleichzeitig ihren Blick für sprachliche Strukturen und Phänomene schärfen. Wichtig für den Kompetenzerwerb ist dabei nicht, dass die Schülerinnen und Schüler lange Erklärungen und Analysen zu Fehlern erhalten, sondern dass sie rasch die Diskrepanz zwischen der eigenen Sprachleistung und der Zielstruktur erkennen und konkrete Hinweise erhalten, wie diese verringert werden kann (JOHNSON 1988, 95).

Ein weiteres Arbeitsinstrument ist das „Fehlertagebuch", in dem die Lernenden eine explizite, verschriftlichte Analyse ihrer Fehler vornehmen. Die Lehrperson kann z. B. „bedeutsame" Fehler in den Arbeiten unterstreichen, wobei die Jugendlichen dann die Aufgabe haben, diese zu klassifizieren und gemäß fachlichen Regeln und Gesetzmäßigkeiten selbstständig aufzuarbeiten (Ruf et al. 2004, 99). So entsteht mit der Zeit eine Dokumentation von Sprachelementen, an denen jemand arbeitet und denen deshalb besondere Aufmerksamkeit zukommt. Kriterien für gelungene Fehleranalysen können die Genauigkeit und Generalisierbarkeit der formulierten Regeln, die Relevanz der Beispiele oder die Klarheit und Vollständigkeit der Darstellung sein. Die Lernenden sollen so spezifisch auf jene sprachlichen Strukturen aufmerksam gemacht werden, welche für die Weiterentwicklung ihrer Handlungskompetenz bedeutsam sind.

Ein Fehlertagebuch führen

Die hier dargestellten Arbeitsformen geben konkrete Hinweise, wie mit Heterogenität im Lernprozess didaktisch kreativ umgegangen werden kann. Der Prozess vom individuellen Zugang zum regulären Fachwissen muss jedoch auch von einer entsprechenden Aufgabenkultur gestützt und angeregt sein – davon handelt das nächste Kapitel.

Komplexe Kompetenzaufgaben

5.1 Lernkultur und Aufgabenkultur

Die Entwicklung guter Lernaufgaben ist Voraussetzung dafür, dass die Qualität von Lern- und Bildungsprozessen durch das Konzept der Kompetenz tatsächlich verbessert werden kann. Diese sollen den Zweck erfüllen, Kompetenzen gezielt und unter Verwendung transparenter Kriterien aufzubauen und zu überprüfen. Jede Illustration oder Operationalisierung einer Kompetenz muss sich auf konkrete Anforderungssituationen und Lernaufgaben beziehen; diese müssen umgekehrt so angelegt werden, dass die Schülerinnen und Schüler darin die geforderten (Teil-)Kompetenzen tatsächlich erwerben können: „Um Teilkompetenzen zu entwickeln und sie bündeln zu können, ist ein aktives Lernen an sinnvollen Aufgaben- und Problemstellungen nötig, womit der Unterricht auf ein handlungs- und problemorientiertes Lernen umzustellen ist" (Dubs 2006, 168). Ziel ist es, Wissen und Können zu integrieren und dabei Handlungs- sowie selbstregulative Kompetenzen gleichermaßen zu fördern.

Auf bildungspolitischer Ebene wird deshalb seit Längerem eine Verbesserung der schulischen Lernkultur durch neue und anspruchsvolle Aufgabentypen gefordert:

Um zu einer größeren methodischen Variabilität zu kommen, sollten [...] Aufgabentypen entwickelt und erprobt werden, die mehrere Vorgehensweisen und unterschiedliche Lösungsmöglichkeiten zulassen oder geradezu anbieten. [...] Ziel ist es, Schülerinnen und Schüler auf unterschiedlichen Kompetenzniveaus anzuregen, ihnen zugängliche Lösungen zu finden, die dann im Unterricht vergleichend analysiert werden können. (BLK 1997, 89)

Die Aktivierung und der kumulative Aufbau von Teilkompetenzen erfolgt über Aufgaben, die sich auf fachspezifische Leitideen beziehen und das Fachcurriculum spiralförmig durchziehen (Oelkers/Reusser 2008, 311). Auf diese Weise sollen die Jugendlichen Fachkompetenzen erwerben und gleichzeitig selbstgesteuert lernen, indem sie bei der Aufgabenbearbeitung eigene Wege einschlagen und ihre eigene Entwicklung reflektieren.

Ein wichtiges Ziel kompetenzorientierter Lernaufgaben besteht deshalb darin, dass junge Menschen

- bereits vorhandene Kompetenzen und Wissenselemente (aus dem Gedächtnis) mobilisieren können;
- Wissen und Kompetenzen aus internen Wissensquellen (durch Anwendung verfügbarer Heuristiken und Schemata) erzeugen;
- sich neues Wissen aus externen Wissensquellen aneignen und integrieren und damit
- vorhandene Kompetenzen weiterentwickeln und neue Kompetenzen erwerben (FLECHSIG 2008, 241).

Lernende treffen dabei auf ein Problem, lokalisieren Schwierigkeiten und eigenes Potenzial, beginnen mit der vorläufigen Ausgestaltung einer Lösung und entwickeln Pläne für das weitere Vorgehen. Dazu ist es nötig, dass es sich bei den gestellten Fragen nicht bloß um konstruierte Probleme oder „Scheinaufgaben" handelt, sondern dass sie gesellschaftlich relevante Themen und authentische Fragestellungen enthalten. Auch im Sprachunterricht sollen Jugendliche „bildungsrelevante Aufgaben" bearbeiten, die für ihre Alltagswelt exemplarische Bedeutung haben oder der Klärung allgemeiner Zusammenhänge dienen.

5.2 Typologie von Aufgaben

Aufgaben im Unterricht kann man grob unterscheiden in diagnostisch relevante Aufgaben, Aneignungs- oder Lernaufgaben und Prüfungsaufgaben (KIPER 2010, 50). Diagnostische Aufgaben wurden in Kap. 4 darstellt, während Prüfungsaufgaben in Kap. 7 behandelt werden. Hier sollen die Lernaufgaben im Fokus stehen, wobei der Begriff „komplexe Kompetenzaufgabe" (HALLET 2011) verwendet wird. Es handelt sich dabei um eine ganzheitliche und langfristig angelegte Auseinandersetzung mit fachlich zentralen Themen oder Fragen, wobei Kompetenzen auf unterschiedlichsten Ebenen angesprochen und entwickelt werden sollen. Solche Aufgaben sind mehr als nur „Übungen"; umgekehrt können und sollen Übungen Teil von komplexen Kompetenzaufgaben sein, besonders als Hilfsmittel zur Festigung und Automatisierung formaler Fähigkeiten. Während also Übungen eine sofortige und meist eindeutige Antwort verlangen, sollen Kompetenzaufgaben den Horizont der Lernenden erweitern:

Sie konfrontieren die Lernenden mit einer gewissen sachlichen, kognitiven und sprachlichen Komplexität und fordern sie auf, eigene Wege zur Lösung und eigene Worte für ihre Darstellung zu finden. […] Aufgaben sollen nicht nur Freiräume schaffen, sie müssen auch die notwendigen Angaben liefern, damit diese Freiräume sinnvoll strukturiert und fruchtbar genutzt werden können. (PORTMANN-TSELIKAS 2001, 16)

Dabei geht es also weniger darum, einen aus Sicht des Lehrers gelungenen und zeitlich festgelegten Verlauf einzuhalten. Stattdessen sollen Situationen geschaffen werden, in denen die Jugendlichen ihren Kompetenzzuwachs gezielt steuern und die nötige Förderung und Unterstützung erhalten.

Solche Aufgaben sind immer komplex, denn „da Kompetenzen komplex sind, sind es auch Kompetenzaufgaben" (HALLET 2011, 146). „Komplexität" darf allerdings gerade nicht mit Schwierigkeitsgrad und entwickeltem Sprachkönnen gleichgesetzt werden:

Auch im Anfangsunterricht können Aufgaben, gemessen am kognitiven und sprachlichen Vermögen der Lernenden, bereits komplex, anforderungsreich und problemhaltig sein. Von Beginn des Englischunterrichts an können Lernende Sachverhalte erfassen, mit einfachen sprachlichen Mitteln beschreiben und, was für alle Arten von Bedeutungsaushandlung wichtig ist, argumentativ bewerten. (HALLET 2011, 150 f.)

Die Herausforderung besteht darin, für alle Lernstufen Aufgaben zu entwickeln, die sich durch folgende Merkmale auszeichnen:
- Betrachtung der Schülerinnen und Schüler nicht funktional als Sprachenlernende, sondern als Individuen,
- Berücksichtigung ihrer Vorerfahrungen und des Vorwissens; Aufbau des Lernens auf den entwicklungsfähigen Konzepten der Jugendlichen,
- Offenheit der Aufgaben, sodass sie verschiedene Durchgänge und persönlich geprägte Lösungen zulassen; gleichzeitig Möglichkeit zur Anpassung (Differenzierung und Individualisierung),
- Anpassung der Aufgabenumsetzung an individuelle Bedingungen wie Emotion oder Kreativität,
- Orientierung an „echten" Themen und Inhalten (Spracharbeit in dienender Funktion),
- Auswahl von für Schülerinnen und Schüler thematisch relevanten und authentischen Texten zur Anbahnung kommunikativer Handlungen, die ihrerseits von den Lernenden als relevant empfunden werden,
- Nutzung selbst- und peerevaluativer Potenziale des Lernens insbesondere zur sprachlichen Förderung,

- systematische Rückmeldung zur Lernentwicklung,
- Orientierung an vielfältigen und kreativen Lernergebnissen und Produkten (angelehnt an TESCH 2010, 73 f., auch KIPER 2010, 52 ff.).

5.3 Task-based learning

In einem Unterricht, der mehrheitlich auf kleinschrittigen Aufgaben mit eindeutigen Lösungen aufbaut, kommt den Lernenden rasch die Rolle passiver Konsumenten zu, wobei dem Konzept des aktiven, problemlösenden Lernens zu wenig Rechnung getragen wird (LEGUTKE/THOMAS 1991, 71). Als Korrektiv dazu versuchte man bereits in den 1980er Jahren Aufgaben mit kommunikativem Fokus zu entwickeln, um den Lernenden einen freieren, kreativeren Umgang mit zielsprachlichen Strukturen zu erlauben und sie zu ermutigen, mit ihren sprachlichen Mitteln eigenverantwortlich zu handeln. In der Folge entstanden aufgabenorientierte Curricula oder *task-based learning* (TBL). Das dabei entwickelte Lernmodell lässt sich gut auf den kompetenzorientierten Englischunterricht übertragen, wie das folgende Schema zeigt:

Vor dem *task*

Klärung von Kontext und Aufgabenstellung
Die Lehrperson führt mit einer offenen Frage in das neue Kompetenzgebiet ein und aktiviert das Vorwissen der Klasse. Sprachliche Handlungsmittel, welche später wichtig sind, werden eingeführt und Kompetenzziele, die erreicht werden sollen, geklärt und diskutiert.

Task-Zyklus

Durchführung	Präsentation	Diskussion & Auswertung
Lernende bearbeiten einen offenen Auftrag, bearbeiten einen Text etc. und legen dabei ihr Vorgehen selber fest (alle methodischen Formen möglich). Die Lehrperson bietet Hilfen und Unterstützung *(scaffolding)* und ermutigt so die Lernenden, anstatt sie durch vorschnelle Korrekturen zu behindern.	Lernende bereiten eine Präsentation ihrer Arbeit vor der Klasse vor. Es existieren klare Vorgaben zum erwarteten Produkt/Format (z. B. Poster, Kurzvortrag, *mind map)*, methodisch und inhaltlich sind die Lernenden frei.	Die Arbeiten der Lernenden werden vorgestellt und mit der ganzen Klasse diskutiert/ausgewertet (alle methodischen Formen möglich). Die Lehrperson moderiert den Prozess und gibt *formative feedback.*

Fokus auf die sprachliche Form

Analyse	Übung
Lernende analysieren wichtige sprachliche Aspekte zum Thema (Grammatik, Vokabular, Idiomatik, Stil, Register usw.). Quelle können die INPut-Materialien zum *task* oder die Texte/Äußerungen der Lernenden selber (aus der Präsentationsphase) sein.	Wichtige sprachliche Strukturen werden durch gezieltes Üben gefestigt und vertieft (individuell oder ganze Klasse). Solche Übungen können im Voraus festgelegt werden oder sich aus der Bearbeitung des *task* ergeben.

Evaluation & Reflexion
Gemeinsame Besprechung, welche Kompetenzziele erreicht wurden und wo weitere Arbeit nötig ist. Lehrkraft kann weitere *tasks* adaptiv planen, Lernende ihre Fortschritte selber beurteilen *(self-assessment).* Lernprodukte werden fertig ausgearbeitet, reflektiert und ins Portfolio gelegt.

Aufgabenbasiertes Modell des kompetenzorientierten Englischunterrichts, angepasst aus WILLIS (1996, 155)

Ein Sprachunterricht, der seine Ziele in der Verwendung von Sprache und deren Inhalten sucht, hat offene Aufträge oder Kommunikationssituationen als Basis, welche mit zunehmender Kompetenz immer raffinierter gelöst werden können. Damit wird der Tatsache Rechnung getragen, dass Sprachlernen einen kreativen Prozess darstellt, bei dem die Lernenden sich Regeln über die Beschaffenheit der Zielsprache konstruieren und dabei höchst individuell geprägte Strategien einsetzen (WILLIS 2003, 135).

Beim TBL versucht man, den Spracherwerbsprozess nicht nur von seinen Endprodukten her zu denken, sondern man orientiert sich stärker an den Prozessen und Tätigkeiten, die dahin führen. Insofern besteht eine hohe Kongruenz dieser Methode mit den Zielen des kompetenzorientierten Unterrichts, wobei die Lernprozesse und *outcomes* stärker in den Fokus gerückt werden.

Im kompetenzorientierten Unterricht kann die Arbeit mit *tasks* folgendermaßen ablaufen: In der *pre-task*-Phase bereitet die Lehrperson die Schülerinnen und Schüler auf die neue Aufgabe vor, indem sie Kompetenzziele klärt, vorhandenes Wissen oder Erfahrungen aktiviert und wichtige sprachliche Strukturen vorab entlastend einführt. Entscheidend dabei ist es, ein gemeinsames Verständnis herzustellen, was bei dem Thema genau verlangt wird und was dabei herauskommen soll, ohne die Lernenden in ihrer Selbstständigkeit zu stark einzuschränken. Im Task-Zyklus planen die Lernenden ihre Arbeit und arbeiten dann weitgehend selbstständig an der Aufgabe, wobei die Lehrperson die Funktion des Beobachters, Helfers und Rückmelders übernimmt. Die Lernenden sollen dabei ungestört mit der Sprache experimentieren können, ohne befürchten zu müssen, beurteilt zu werden: „Students need the chance to say what they think or feel, and to experiment in a supportive atmosphere with using language they have heard or seen without feeling threatened." (WILLIS 1996, 7) Wichtig ist jedoch, dass anschließend die (Zwischen-)Ergebnisse vorgestellt und diskutiert werden, sodass *peer learning* entsteht, offene Fragen geklärt werden können und auch spannendes Material für die nächste Phase gesammelt werden kann. Beim *focus on form* richtet sich der Blick auf formale Aspekte der Sprache. Dies kann *consciousness raising* bedeuten (d. h. eine explizite Analyse struktureller Elemente im INPut-Material, z. B. mithilfe einer *toolbox).* Es können auch Übungen durchgeführt werden, um formal-sprachliche Teilkompetenzen zu sichern und zu vertiefen. Am Ende steht eine Phase der Evaluation und Reflexion, wobei Lernprodukte überarbeitet und ins Portfolio gelegt und eigene Lernprozesse reflektiert werden können. Die

Lehrperson kann Einsichten, die sie über den Kompetenzstand und die Fortschritte der Lernenden gewonnen hat, für die Planung des nächsten Aufgabenzyklus verwenden.

Ein wesentliches Merkmal guter Kompetenzaufgaben besteht darin, dass Lernende daran symmetrisch und kollaborativ zusammenarbeiten und so neues (Sprach-)Wissen ko-konstruieren können. Dazu gehört auch, dass sie am Ende ihre Lösungen und Konzepte vorstellen und berichten, was gelungen ist oder wo Schwierigkeiten auftauchten. Die Lehrperson gibt Feedback und hebt Qualitäten oder Konzepte hervor, die für das weitere Lernen bedeutsam sind.

Die Verwendung von „echten Fragen", die auch komplexe Antworten erfordern, hat auf der Sekundarstufe eine besondere Bedeutung. Ältere und reifere Lerner können sich rasch gegängelt fühlen, wenn sie mehrheitlich geschlossene Fragen mit vorgegebenen Lösungen beantworten müssen (ELLIS 2003, 91). Die übermäßige Anwendung von „Pseudofragen" führt dazu, dass nur diejenigen Schüler gefördert werden, die sich auf das „Spiel" der Lehrkraft einlassen. Umgekehrt wird oft die Nutzung von Potenzialen verhindert, die allen am Lerngeschehen beteiligten Personen eigentlich zur Verfügung stehen. Ein übermäßiger Einsatz von Aufgaben, die Lernende vor „künstliche" Probleme stellen, kann deshalb mit der Zeit zur Verärgerung und Demotivierung aller Beteiligten führen.

Allerdings sind sowohl klare Kompetenzziele wie auch geeignete Unterstützungsmaßnahmen *(scaffolding)* notwendig, damit die Arbeit mit komplexen Kompetenzaufgaben ertragreich verläuft. Auch müssen die Aufgabeninstruktionen hinreichend klar und aussagekräftig sein, um die nötigen Lernhandlungen beim Kompetenzerwerb anzuleiten. Schließlich ist ein Fokus auf klar umrissene Lernprodukte *(outcomes)* wichtig, an denen die Jugendlichen ihre Arbeit orientieren und evaluieren können. Aktiver und selbstständiger Kompetenzerwerb an offenen Aufgaben erfordert Klarheit und Transparenz auf allen Ebenen der pädagogischen Arbeit.

5.4 Aufgabeninstruktion und Lernprodukte

Die Lernprodukte im Sinne des physisch greifbaren Outputs haben einen gewichtigen Einfluss auf die Lernprozesse im Unterricht: Von diesem Zielpunkt her bestimmen sich alle anderen Prozesse, Schritte und Teilprodukte des Lernens (HALLET 2011, 161). Da sich Kompetenzen immer in konkreten Produkten oder Äußerungen der Lernenden zeigen, muss bei jeder Kompetenzaufgabe immer der Output genau definiert werden. Wichtige Aspekte dabei sind der Kontext, der kommunikative Zweck bzw. die Funktion sowie auch die sprachlich-diskursive Gestalt der geforderten Leistungen. Allen Schülerinnen und Schülern muss klar sein, was bei einer Aufgabe eigentlich herauskommen soll und in welchen Bedeutungskontext die zu erstellenden Produkte eingebunden sind. Aus diesem Blickwinkel rücken auch die Konventionen und Genres in den Fokus, in die alle Formen mündlicher und schriftlicher Sprachäußerungen eingebunden sind. Der kommunikative Erfolg und damit auch die geforderte Struktur jeder Äußerung und jedes Textes hängen von der Intention der Sprachverwendenden, dem diskursiven Kontext sowie den intendierten Adressaten ab.

Den Kontext der Aufgabenbearbeitung klären
Gute Kompetenzaufgaben sollen die Lernenden deshalb zum Nachdenken über folgende Punkte anregen sowie konkrete Hinweise dazu enthalten,
- zu welchem Feld oder Genre der zu produzierende Text oder die geforderte Äußerung gehört (ein naturwissenschaftlicher Text hat eine andere Struktur als ein poetischer; für eine Scherzrede gelten andere Konventionen als für einen Fachvortrag);
- welche Beziehung zwischen den Kommunikationspartnern herrscht (beispielsweise ist ein Vortrag vor Experten anders zu strukturieren als einer vor Laien);
- ob ein mündliches oder schriftliches Produkt entstehen soll (oder eine Mischform aus beiden) und wie das geforderte Produkt zu organisieren ist (Weskamp 2004, 169).

Damit die Jugendlichen ihr Lernen also ausreichend planen und steuern können, brauchen sie klare und verständliche Angaben bezüglich der oben genannten Aspekte. Aufgabeninstruktionen müssen präzise, klare und eindeutige Informationen darüber enthalten,
- in welchem Kontext das Produkt am Ende stehen soll, sodass die Lernenden den Zweck der Aufgabe verstehen;
- welche Inhalte und Materialien dazu verarbeitet werden müssen; diese sollten für alle Lernenden zugänglich sein und sich an ihren Fähigkeiten und ihrem Wissen orientieren, zudem sollte die Bearbeitung der Materialien verschiedene Ansätze und Durchgänge zulassen;
- welche Zeit und welche Hilfsmittel zur Verfügung stehen, sodass die Lernenden ihre Arbeit selber planen und überwachen können;
- in welchen Arbeits- oder Interaktionsformen die Lernenden arbeiten sollen oder ob sie diese frei wählen können (alleine, mit einem Partner, in einer Gruppe mit bestimmten Rollen usw.);

- an welche Adressatenschaft sich das Produkt genau richtet und welchem Genre es angehört (für wen schreibe/spreche ich?); dabei muss die Aufgabe auch das Vorwissen der Lernenden zu diesem Genre aktivieren oder gegebenenfalls zusätzliche Angaben dazu enthalten;
- welche Evaluationskriterien für die geforderten Produkte gelten, damit die Lernenden wissen, an welchen Kriterien sie beurteilt werden (adaptiert aus HYLAND 2003, 133 f.).

Darüber hinaus sollen Kompetenzaufgaben auch konkrete Fragestellungen enthalten, welche bestimmte Antworten stimulieren oder herausfordern. Man spricht hier von *prompts* und unterscheidet drei Typen:

a) *Base prompt* – enthält die ganze Aufgabe in direkter und einfacher Art und Weise:

Prompts liefern klare Anweisungen

- *Do you favour or oppose capital punishment? Why?*
- *Discuss the view that women make better managers than men.*

b) *Framed prompt* – stellt eine Situation als Rahmen dar, in dem die Aufgabe interpretiert und gelöst werden soll:
- *You are an official for the Ministry of Education. You have been asked to write an article for a student magazine in support of the view that university students should be required to pay for the full cost of their education through their own resources or government loans. You expect your audience to disagree with you, so present the argument as a problem that your position will solve.*

c) *Text-based prompt* – präsentiert einen Text oder anderes Material, auf das sich die Lernenden in ihrer Aufgabenlösung beziehen sollen:
- *The advertisement below describes a new product designed to improve our daily lives. Imagine that you are a journalist for a local newspaper and write a short report to evaluate the potential advantages and disadvantages of the product.* (adaptiert aus HYLAND 2003, 222 f.)

In der Folge werden Beispiele für solche Aufgabentypen vorgelegt.

5.5 Praxisbeispiele

Als Klassifizierungsprinzip dienen im Folgenden die kommunikativen Fähigkeiten *reading, writing, listening, speaking (interaction)* sowie weitere Ziele in den Bereichen interkulturelle Kompetenzen und Lernorganisation.

Alle Aufgaben enthalten auch eine Reihe von Teilaufträgen, die auf den Erwerb formal-sprachlicher Fertigkeiten wie Grammatik, Vokabular, Orthografie usw. ausgerichtet sind *(focus on form)*. Diese sind jeweils funktional auf die thematische Arbeit bezogen.

Bei der Aufgabenentwicklung wurde versucht, einen sinnvollen Kompetenzaufbau jener Erwerbsziele zu modellieren, welche in Kap. 3.5 zur Einheit *Where does my money go?* dargestellt wurden (S. 46 ff.). Die Aufgaben müssen jedoch nicht zwingend in der hier vorgestellten Reihenfolge durchgeführt werden – vielmehr müsste die genaue Sequenzierung auf der Basis der Erfahrungen, des Vorwissens und der Kompetenzziele in einer Klasse individuell bestimmt werden.

Listening: *Lauren, former credit card abuser*
Bezug zu Bildungsstandards und Kompetenzdimensionierung: vgl. Kap. 3.5 (S. 50).

Material und Vorgehen: Die Lernenden schauen ein *YouTube*-Video an (vgl. Anhang, S. 144). Die Schülerin Lauren beschreibt darin, wie sie hohe Kreditkartenschulden anhäufte und was sie nun unternimmt, um dem Problem Herr zu werden. Das Video ist authentisch und nicht durchgängig in „deutlich artikulierter Standardsprache" gesprochen. Durch mehrmaliges Hören und gezieltes *scaffolding* wird jedoch sichergestellt, dass auch Schülerinnen und Schüler der Sekundarstufe I effizient damit arbeiten können. Die Verwendung eines echten *YouTube*-Videos soll zudem einen Bezug zu ihrer Lebenswert schaffen und motivierend auf sie wirken.

Aufgabenbeschreibung (rubric & prompt):

Task 1
Before you watch this clip, think for a moment what you know about credit card debt *[det]*. Why is it a problem? Do you know young people who have been affected? Share your ideas with the whole class.
Now watch the clip, in which Lauren describes how she got into credit card debt. Do not worry if you don't understand every word, you will see it again. In this first viewing, focus on the following questions:
• Why did Lauren get into debt?
• How is she trying to get out of it now?
After you have seen the clip, discuss these questions with a partner. Make a mind map which sums up all the information you can remember.

Task 2

Now watch the clip again and answer the following questions. Write your answers down in key-words and compare them with a partner afterwards:

- How old is Lauren? How much in debt is she?
- Why did her parents give her a credit card?
- What did Laura do once she had the card? What did she buy?
- Why did she not worry about paying the money back at first?
- What happened after her parents took her credit card away?
- What is her advice to other teenagers?

On the basis of this information, prepare a short, one-minute statement and present it to the class:

- How do you feel about Lauren?
- Do you think the problem of credit card debt is worse in the USA than in your own country?

Task 3

Now watch the clip a third time and pay attention to the language used in it. Note down all the phrases and expression which involve a *verb* and a *preposition*. For example: "It was only to be *used on* an emergency basis." In groups of 3 or 4 students, look up the meaning of these expressions and compile a list with useful expressions to talk about the topic "money".

Kommentar: Der Einstieg in *Task 1* soll das Vorwissen der Lernenden aktivieren und sie auf das nachfolgende Thema vorbereiten *(priming, pre-task phase)*. Der nachfolgende Hörauftrag dient dem Globalverständnis, wobei bewusst eine leichte Überforderung der Lernenden in Kauf genommen wird: Sie sollen lernen, aus einer Audiobotschaft das Wichtigste herauszuhören, ohne jedes einzelne Wort zu verstehen. Gleichzeitig wird davon ausgegangen, dass Texte von individuellem Interesse in der Fremdsprache schon mit beschränkten Sprachkenntnissen zu verstehen sind, weil inhaltliche Vorkenntnisse es erlauben, auch sprachlich Unbekanntes zu erschließen. In Klassen mit tieferem Leistungsniveau könnte die Lehrkraft gewisse *key terms* vorab einführen oder das Transskript des Clips zum Mitlesen abgeben (evtl. mit weiteren Worterklärungen usw.).

Die anschließenden Fragen gehen vom Globalverständnis aus und enthalten klare Angaben bezüglich des erwarteten *outcomes*. Gleichzeitig sind die Lernenden bei der inhaltlichen Ausgestaltung der Mindmap völlig frei. In der Zusammenarbeit daran wird ein erstes, vorläufiges Textverständnis zwischen den Partnern ausgehandelt *(meaning negotiation)*. Die Rolle der Lehrkraft dabei ist, Fragen zu beantworten oder durch Erklärungen zusätzliche Unterstützung anzubieten.

Vom globalen zum detaillierten Verständnis

Bei *Task 2* steht das detaillierte Textverständnis im Vordergrund; die Lernenden sollen so viele Details wie möglich „heraushören" (wiederum je nach Kontext mit unterschiedlich starker Unterstützung durch die Lehrkraft). Die dargestellten Aufträge sind exemplarisch und müssten situativ angepasst und erweitert werden. Die Detailanalyse liefert die Grundlage für das anschließende Statement, wobei auch eigene Gefühle (Empathie oder Unverständnis usw.) ausgedrückt und die eigene Kultur mit der fremden verglichen werden soll (Bezug zur „interkulturellen Verständigung"). Indem die Lernenden ihre Überlegungen der ganzen Klasse vorstellen, geben sie auch Auskunft darüber, wie sie an der Aufgabe gearbeitet haben und was dabei herausgekommen ist.

Task 3 stellt den *language focus* dar. Dabei wird ein *lexical approach* gewählt, d. h., die Lernenden sollen Verben und Präpositionen sammeln, verstehen und sich einprägen (vgl. dazu vertieft S. 100 ff.). Indem diese Ausdrücke hier gesammelt und memorisiert werden, erweitern die Schülerinnen und Schüler ihre kommunikativen Fähigkeiten für andere Aufgaben, u. a. auch für *writing* und *speaking* zum Thema *money*.

Speaking: *Discussing the pros and cons of credit cards*
Bezug zu Bildungsstandards und Kompetenzdimensionierung: vgl. Kap. 3.5. (S. 51).

Material und Vorgehen: Die Lernenden diskutieren die Vor- und Nachteile des Kreditkartengebrauchs von Jugendlichen und andere Fragen zum Thema Geld. Diese Aufgabe baut sinnvollerweise auf der vorherigen auf. Um die Vorbereitung zu erleichtern und den Lernenden strukturierende Anhaltspunkte zu geben, erfolgt die Diskussion nach bestimmten Regeln. Jeweils vier Schülerinnen und Schüler nehmen zu einer Frage Stellung, wobei zwei dafür und zwei dagegen votieren. Am Anfang halten alle ein Eröffnungsstatement (ca. 30 Sek., abwechselnd pro und kontra), welches vorbereitet wird. Anschließend erfolgt ein freier Austausch (ca. 4–5 Min.); am Ende gibt jede/r Teilnehmende wieder ein Schlussstatement ab (ca. 30 Sek.). Diese Vorgaben sind mit denen von Debattierwettbewerben vergleichbar. Die Zeitbeschränkungen sind dabei ein wichtiger Aspekt: Sie helfen den Lernenden, sich nicht zu verlieren, und stellen diese auch vor die Herausforderung, etwas in kurzer Zeit klar auszudrücken. Genauso wichtig ist die

Vorbereitung: Um ein Argument in der Diskussion auf den Punkt zu bringen, muss es sprachlich und strukturell geplant werden können.

Gute Diskussionsbeiträge müssen vorbereitet werden

Aufgabenbeschreibung (rubric & prompt):

Task 1

Consider the following questions for discussion:

- Should credit cards for young people be banned?
- Should „personal money management" be taught as a subject in our school?
- Should credit card companies be allowed to charge high interest rates to young people?

You are going to discuss this in groups of four students. Decide which question you want to focus on and whether you want to argue for or against it. The format of the debate will be: opening statement (30 seconds), free discussion (5 minutes), closing statement (30 seconds).

Task 2

Get ready for the discussion by preparing an opening statement first. Prepare this together with other members of your group. Then collect arguments for the free discussion. Also consider arguments your opponents might use, so that you know what to expect. For the discussion, make a complete list of arguments *for* and *against* your question. Maybe you need to look up more information or ask your teacher. Also make sure you know how to use "money vocabulary"; you could memorize the expressions collected in the "Lauren" task, for example.

Study the assessment grid (vgl. S. 128). Make sure you know which aspects your teacher is going to assess and what the individual categories mean. Ask him/her if anything is unclear. Also think where you see your own strengths and weaknesses. Work deliberately in those areas where you feel you should get better. Ask your teacher and your classmates for advice and feedback. Practise the discussion with other groups before having it in front of the whole class.

Task 3

Conditionals arc important elements of good discussions. They allow you to express several degrees of possibilities (for example: If we *did* this, that *would happen).* You also need linkers to connect what you are going to say to other participants' utterances.

Study the following rules and exercises on *conditionals* and *linkers* and practise them (dazu werden Arbeitsblätter vorgelegt).

Kommentar: Bei dieser Aufgabe werden sowohl Kompetenzen des zusammenhängenden Sprechens wie der Interaktion gefordert und gefördert. Das Halten eines Eingangs- und Schlussstatements wie auch die Technik des freien Diskutierens sollen vorher auf inhaltlicher und auf sprachlich-formaler Ebene geplant und geübt werden. Die Lernenden werden dabei auf intensive Unterstützung durch die Lehrkraft angewiesen sein, was sowohl Hilfen in Form von zusätzlichem Material als auch *scaffolding* in Form von direkter Beratung und Rückmeldung einschließt. Im Bedarfsfall und bei schwächeren Klassen können die einzelnen Diskussionsbeiträge schriftlich vorbereitet und vorgelesen werden.

Im Normalfall sollen sich die Schülerinnen und Schüler ihre Position (pro/contra) selber aussuchen können. Um den Schwierigkeitsgrad zu erhöhen, kann man sie bitten, *beide* Seiten vorzubereiten, und sie erst kurz vor der Diskussion informieren, welchen Standpunkt sie vertreten sollen. Bei Lernenden mit tieferem Leistungsniveau kann die Diskussion zuerst auf Deutsch geführt werden; ist eine gewisse Sicherheit auf der Ebene der Inhalte und Argumente erreicht, wird in die Fremdsprache gewechselt. Alternative: Die Lernenden tragen die Argumente auf Karten auf und lesen diese wechselweise vor.

Dieses Format eignet sich gut für die Beurteilung von mündlichen Leistungen, da sich im Vorfeld klare Kriterien definieren lassen und die Lehrkraft die Schülerinnen und Schüler einzeln beobachten kann (ein detailliertes Beurteilungsraster dazu findet sich auf S. 128). Wenn dieses schon während der Aufgabenbearbeitung zur Verfügung steht, kann es das Lernen der Jugendlichen anleiten und strukturieren. Die Lernenden selber können auch Beobachtungsaufträge übernehmen, etwa indem sie anderen Gruppen eine individuelle und persönliche Rückmeldung geben. Diese Rückmeldungen sollen dem Lernen dienen. Die *Beurteilung* der Leistungen sollte aber nicht den Jugendlichen überlassen werden, da diese dafür weder ausgebildet noch beauftragt sind. Vielmehr geht es darum, durch genaue Beobachtung und Diskussion der Beurteilungskriterien ein gemeinsames Verständnis herzustellen, was Qualität in diesem Kompetenzfeld bedeutet und wie sie konkret hergestellt werden kann.

Reading: *Living on a Dollar a Day in Malawi*
Bezug zu Bildungsstandards und Kompetenzdimensionierung: vgl. Kap. 3.5. (S. 50).

Material und Vorgehen: Nach der Aktivierung ihres Vorwissens lesen die Lernenden den Text (unten) still durch (Alternative: die Lehrkraft liest den Text vor). Danach tauschen sie aus, was sie verstanden haben *(reading for gist,* Globalverständnis). Die Lehrkraft kann diese erste Begegnung mit dem Text durch vielfältige *scaffolding*-Angebote unterstützen (Vorentlastung durch Vokabelliste, mündliche Zusammenfassung des Textes, Bilder, Landkarte von Malawi usw.). Der Text bezieht sich auf Realschul- oder Gymnasialniveau und müsste für andere Schulstufen deutlich vereinfacht oder gekürzt werden (vgl. *text adaptation strategies* in Kap. 6.4).

Nach der ersten Lektüre wird am Detailverständnis gearbeitet und es werden persönliche Stellungnahmen abgegeben. Zudem enthält der Text vielfältige Ansatzpunkte für Grammatik- und Vokabulararbeit, die hier lediglich angedeutet werden. Als thematische Erweiterung kann der Schreibauftrag *Martha becomes a newsreader* dienen (nächster *task,* unten).

Aufgabenbeschreibung (rubric & prompt):

Living on a Dollar a Day in Malawi (by Suzanne Marmion)
Malawi is one of the poorest countries in the world, with more than half of   1
its population living on less than $1 a day. But the people of Malawi may have reason to celebrate. The International Monetary Fund and the World Bank have announced that 90 percent of the country's debt will be forgiven.

In spite of that good news, it will still be some time before Malawian families,   5
like the Phiris, can relax their strict budgets. In Central Malawi, the Phiri family begins its day at 4:30 a.m. – without breakfast. In a maize field, a 20-minute walk from their house in Lifidzi, they use a handmade hoe to till the overworked soil. The soil is eroded so the Phiri family spent $15 on a bag of fertilizer that they hope will last them the year. Friends and family helped   10
the Phiris purchase the fertilizer. Such generosity is not uncommon among Malawians. For example, even if it means going without food, neighbors will buy each other medicine for common diseases such as AIDS and malaria.

Running out of food is common in Malawi. Crops often fail when rains don't come. A few months earlier, the Philis had nothing to eat but unripe   15
mangoes, which made the family feel sick. Every year for the past three years, starving people in Malawi's dry season have resorted to eating water lily tubers and even poisonous plant roots.

The Phiris have aspirations beyond scrimping and surviving, especially the
20   daughter, Martha. She wants to be a reporter, or newsreader as they're called
in Malawi. But Martha knows that her family will probably never have the
money to send her for the training to be a reporter, let alone anything else.
In the evening, the family splurges 35 cents on a fish dinner to honor a
guest. They spent a total $1.25 on this day. But the day's income was only 94
25   cents, including the 63 cents they received from relatives to help them out.
(329 words)

Quelle: http://www.npr.org/2006/10/01/6167846/living-on-a-dollar-a-day-in-malawi

(letzter Zugriff am 15.10.2012)

Task 1

Read the title of this article and ask yourself: What is it like to live on a dollar a day?
What do you know about Malawi and the living conditions there? Exchange your
ideas with the whole class.

Now read the text. Do not worry if you don't understand every word, there will be
time to work on details later. In your first reading, focus on the following question:
Why is life so hard for the Phiri family? Together with a partner, compile a list of
"problems" and "challenges" the family faces in their daily life.

Task 2

Read the text again and answer the following detailed questions:
• Why may the people of Malawi have cause to celebrate?
• How do the Phiris make a living?

Based on this information, discuss: Are people in your country also generous (as it
is common in Malawi)? Why? Why not? Write a short text and put it in your learning journal.

Task 3

Underline and study all the verbs in this text. You will find that most of them are in
the present simple tense (e.g. "the Phiri family *begins* its day at 4:30 a.m.").
Ask yourself:
• What kind of text is this? Why is it mostly written in the present simple tense?
  What function does this tense have in this text?
• What other ways do you find in the text to express that something happens re-
  gularly, every day?
• What other tenses do you find? What do we call them and what is their func-
  tion in this text?

Make a mind map in which you describe the tenses found in this text and their
function. Analyse their formal structure and make sure you know how to use
them. Ask your teacher for help and do further exercises in your grammar book.

Kommentar: Wie schon beim *listening* geht auch hier die Schwierigkeit des Materials deutlich über die Vorgaben der Bildungsstandards für diese Stufe hinaus. Dies ist gewollt und fachdidaktisch gut vertretbar: Die Schülerinnen und Schüler lesen den Text mehrmals; sie erhalten gezieltes *scaffolding* und zusätzliche Hilfen der Lehrkraft und können Verständnisschwierigkeiten klären. Zudem werden sie über spezifische Vorkenntnisse verfügen, besonders wenn vorher die *listening* und *speaking tasks* (oben) durchgeführt wurden. So soll bereits auf der 10. Klassenstufe der Realschule die Auseinandersetzung mit einem authentischen Text möglich werden, was für die Jugendlichen eine zusätzliche Motivationsquelle darstellt.

Zum *scaffolding* während der Lektüre bieten sich vielfältige Möglichkeiten an, welche hier nicht detailliert erläutert werden (vgl. dazu Hinweise in Kap. 6). Ein wichtiger Schritt im Kompetenzaufbau ist der *language focus* in *Task 3*. Dabei wird der Aspekt der Zeitformen herausgegriffen, der bei der Textsorte *report* besonders bedeutsam ist (vgl. S. 104).

Writing: *Martha becomes a newsreader*

In Kap. 3 wurde ein *writing task* vorgestellt, der direkt aus der Niveaukonkretisierung eines Bildungsministeriums übernommen ist und den Charakter eines Evaluationsauftrags hat („Problems with pocket money!"; vgl. S. 45). Im Folgenden wird die dort nur angetönte Schreibdidaktik des *pre-*, *while-* und *postwriting* an einem Beispiel erläutert, das zur Thematik der obigen Aufgabenserie passt und diese noch erweitert.

Aufgabenbeschreibung (rubric & prompt):

Task 1

Use the information collected in the previous task *(reading)*. Try to create a mind map about working and living conditions in Malawi or collect more information on the Internet.

Task 2

Imagine you are Martha, the daughter of the Phiri family, who wants to become a "newsreader" (journalist). Write a letter to *Fairworld,* a company who gives scholarships to young people in Malawi so that they can get an education.

In a first paragraph, describe your family background and your daily life. In a second and third paragraph, describe your motivation to become a journalist and the qualifications you bring to this job. In a final paragraph, sum up your argument and try to convince the management of *Fairworld* to award you a scholarship.

First, write a draft of your letter and show it to your teacher and to other classmates. Get a feedback from both of them.

Task 3

Study a model of an application letter and find out typical structures of this type of text. Pay special attention to the opening and closing of the letter and the arrangement on the page.

Task 4

Use the feedback you received on your first draft and the language structures of the model letter to write a final version of your letter. Make sure you include all the necessary information, make the letter persuasive and carefully check all formal aspects of the language (grammar, vocabulary, spelling, etc.). Compare it to the model letter we analyzed in Task 3.

Kommentar: Bei dieser Aufgabenfolge wird der Tatsache Rechnung getragen, dass zum Schreiben sowohl Vorbereitungs- wie auch Überarbeitungsprozesse gehören. Das Vorwissen, das zu Anfang aktiviert und gesammelt wird, besteht nicht mehr nur aus Alltagswissen, sondern umfasst detaillierte Fachkompetenzen, die in den vorhergehenden Aufgaben aufgebaut wurden. Diese sollen nun gebündelt und zu einem argumentativen Text verdichtet werden. Der Schreibprozess wird zudem durch die Analyse eines authentischen Musterbeispiels gezielt erweitert (hier nicht weiter erläutert, analog zu *Writing a Letter*, S. 28). Im Internet finden sich vielfältige Beispiele für *model letters,* welche Lehrkräfte nutzen können (z. B. http://www. bestcoverletters.com, letzter Zugriff am 15.10.2012).

Der vorliegende *task* geht über das Niveau der Bildungsstandards für die 10. Stufe hinaus und stellt eine thematische wie sprachliche Erweiterung dar. Damit sei einmal mehr daran erinnert, dass kompetenzorientierter Unterricht die Jugendlichen auf Standards und Tests vorbereiten soll, dass dessen pädagogische Ziele aber weit darüber hinausreichen. Den hohen Ansprüchen der Aufgabe wird mit einer kognitiven Komplexitätsreduktion und zeitlichen Entzerrung begegnet: Zuerst entsteht ein *draft,* bei dem die Lernenden vor allem auf Inhalt und Strukturierung der Texte achten sollen. Danach erhalten sie Feedback von wohlmeinenden Leserinnen und Lesern und können ihre Texte auf sprachlich-formaler Ebene verbessern. Die Analyse eines Musterbeispiels soll ihnen helfen, die spezifischen Strukturen und Sprachmittel des Texttyps „Bewerbungsbrief" kennen und anwenden zu lernen. In dieser Phase können weitere Instruktionen und Erklärungen durch die Lehrkraft erfolgen. Die dabei geübten sprachlichen Handlungsmittel können beim eigenen Schreiben wiederum eingesetzt werden.

Aufgabenentwicklung
Entwickeln Sie ähnliche Aufgaben für Ihr eigenes Lehr- und Lernarrangement. Sie können sich an den hier dargestellten Beispielen orientieren, die Inhalte und den Schwierigkeitsgrad jedoch auf Ihr Thema und Ihre Unterrichtsziele anpassen. Es soll sowohl eine inhaltlich-funktionale wie eine sprachlich-formale Auseinandersetzung mit dem Material stattfinden, wobei letztere der ersteren dienen soll.

Bei der Bearbeitung der hier dargestellten Kompetenzaufgaben entstehen vielfältige Belege zur Dokumentation der erworbenen Handlungskompetenzen. Dabei werden auch interkulturelle Kompetenzen sichtbar, da die Lernenden die Lebensumstände in verschiedenen Ländern kennenlernen und auch ihren eigenen Umgang mit Geld kritisch hinterfragen. Durch die Offenheit der Aufgabenstellungen werden Fähigkeiten der Lernorganisation gefordert und auch gefördert, die sich in den Lernprodukten auf unterschiedliche Art und Weise zeigen. Diese Lernprodukte und Prozessdokumente können in einem Lernjournal gesammelt und danach in einem Portfolio dargestellt und beurteilt werden. Damit wird mit dem Anspruch ernst gemacht, interkulturelle Kompetenzen und Fähigkeiten der Lernorganisation gezielt auszubilden.

5.6 Aufgaben aus dem Lehrbuch adaptieren

Die naheliegendste Quelle für Kompetenzaufgaben sind Lehrbücher, die bei der alltäglichen Planung und Gestaltung von Unterricht eine größere Rolle spielen als Rahmenrichtlinien oder Lehrpläne (KIPER et al. 2010, 156). *Course books* bilden ein wichtiges „Rückgrat des Unterrichts" und üben einen nachhaltigen Einfluss auf die Modellierung der fachspezifischen Lern- und Arbeitskultur aus. Sie stehen für den „tatsächlichen" Lehrplan, vor allem, wenn sie in einem Land für bestimmte Fächer verbindlich vorgeschrieben sind. Zudem entsprechen sie auch dem (berechtigten) Bedürfnis der Lehrpersonen nach fundiertem und adressatengerechtem Wissen (OELKERS/REUSSER 2008, 408).

Allerdings kann man ob dem hohen Grad der Didaktisierung der meisten Lehrmittel nicht davon ausgehen, dass diese in genügendem Umfang geeignete Aufgaben enthalten, welche den hier definierten Eigenschaften von komplexen Kompetenzaufgaben genügen. Lehrbücher sind oft von „einer Position des Wissens und nicht von einer solchen des Lernens her verfasst", sodass ihnen der „Geist des Problemlösens" fehlt (ebd., 409). Aufgrund ihrer kommerziellen Ausrichtung basieren viele auf einer kleinschrittigen „INPut-Output-Methodik", die echte Stellungnahmen der Lernenden behindert und für hermeneutisches Eindringen in Bedeutungen kaum Zeit lässt (MÜLLER-HARTMANN/SCHOCKER-V. DITFURTH 2005, 19). Ihr übermäßiger Gebrauch verführt dazu, ständig oberflächlich zu viel durchzunehmen, während ein vertieftes analysiertes Verständnis der sprachlichen Strukturen und Bedeutungsmöglichkeiten zu kurz kommt (PIEPHO 2005, 61). Zudem wird durch eine kleinschrittige Didaktik die Möglichkeit der Lernenden zur Selbststeuerung behindert.

Spezifisch für das Fach Englisch zeigt sich, dass „die Schulbücher nicht dem Stand der aktuellen Forschung in der Fremdsprachendidaktik entsprechen" (KIPER et al. 2010, 161). Ein Großteil der darin enthaltenen Aufgaben sind dem formalen Lernen zuzuordnen und somit als Übung und nicht als (Lern-)Aufgabe zu bezeichnen. Zudem fehlen oft Aufgaben, die einen lebensweltlichen, funktionalen Charakter haben sowie solche, die eine problemorientierte und handlungsorientierte Kommunikation einleiten und Lernprozesse initiieren.

Course book as source book

Eine sinnvolle Möglichkeit des Einsatzes von Lehrbüchern ist es, diese als *source books* und nicht als *course books* zu betrachten (SCHAER 2007, 256). Dabei bestimmt die Lehrkraft ein thematisches Feld und geeignete Kompetenzziele und wählt in Bezug darauf geeignete Aufgaben und Materialien aus dem Lehrbuch (und anderen Quellen) aus. Sie kann z.B. die Reihenfolge der Aufgaben umstellen und mit den komplexen, inhaltlich anspruchsvollen Aufgaben beginnen, die sich meist am Ende einer *unit* befinden. Viele neue Sprachphänomene und formale Strukturen, die bei der thematischen Arbeit relevant werden, lassen sich zu einem späteren Zeitpunkt noch vertieft analysieren. Das Buch dient dabei als „Ausgangspunkt und Heimathafen" für die inhalts- und themenbezogene Lernarbeit (BLEYHL 1998, 68).

> Umgang mit Lehrbüchern
> Nehmen Sie ein Lehrbuch zur Hand, mit dem Sie in einer Klasse arbeiten oder das an Ihrer Schule vorgeschrieben ist. Wählen Sie daraus Materialien, Aufgaben und Übungen aus, die zu einer kompetenzorientierten Unterrichtseinheit passen oder diese sinnvoll ergänzen. Formulieren Sie daraus komplexe Kompetenzaufgaben nach dem Vorbild dieses Kapitels.

Ein in der Schweiz auf der Sekundarstufe häufig verwendetes Lehrmittel ist *New English File Intermediate* (OXENDEN/LATHAM-KOENIG 2006). Unit 2 hat den Umgang mit Geld zum Thema und enthält eine Reihe von Aufgaben, die die Einheit *Where does my money go?* sinnvoll ergänzen würden. Auf formal-sprachlicher Ebene finden sich Übungen zu *present perfect vs. past simple* und ein *money questionnaire („Have you ever wasted money on something you've never used?")*. Diese könnten jeweils nach den oben geschilderten *tasks* zur formalen Vertiefung im Rahmen des *language focus* eingesetzt werden. Das gilt auch für die Übungen zu *vocabulary, z. B. numbers* (750 = *seven hundred and fifty)* oder *money, percentages, decimals and fractions* (0.5 = *naught point five;* ebd., 23). Zudem findet sich dort eine *listening comprehension,* ein *song* mit dem Titel *„Ka-ching!"* sowie ein Lesetext zu *„My life without money",* in dem eine Frau erzählt, wie sie seit zehn Jahren ohne Geld lebt. Ähnliche Themen finden sich auch in anderen Lehrbüchern, z. B. dem in Deutschland weit verbreiteten *English G 21* (A1 Topic 3: britisches Geld, *jumble sale,* Vokabular zum Thema *shopping* usw., SCHWARZ/SEIDL 2011).

Sinnvoll in das Thema eingebettet können diese Übungen und Materialien den Kompetenzerwerb der Lernenden unterstützen und wertvolle Hilfe beim Aufbau und bei der Festigung formaler Sprachkompetenzen liefern – womit wir beim Thema des nächsten Kapitels angelangt sind.

Aufbau von sprachlicher Handlungskompetenz

6.1 Divergenz und Konvergenz

Die Prozesse des Kompetenzerwerbs in einer Fremdsprache verlaufen bis zu einem gewissen Grad singulär und hängen von der aufgewendeten Lernzeit, der Unterrichtsqualität, aber auch der Persönlichkeit der Lernenden, ihrer Motivation und Lernstrategien ab. Zu erfolgreichen Lernprozessen gehört neben der Divergenz aber auch die *Konvergenz* der Lernwege, also der Erwerb von sprachlich-formalem Wissen und kommunikativen Kompetenzen. Um die fachlichen Bildungsziele der Sekundarstufe zu erreichen, brauchen junge Menschen systematische Erklärung, Unterstützung und Anleitung von Experten, wenn es darum geht, komplexe Situationen sprachlich zu meistern.

Üben gehört dazu! Das Lernen einer Fremdsprache ist primär ein Prozess der Muster- und Strukturbildung. Der Unterricht sollte also auf das Beherrschen von sprachlichen Gesetzmäßigkeiten ausgerichtet sein, wozu neben der Analyse von authentischen Produkten auch gezieltes Üben und Wiederholen gehören. Auch Instruktion und Wissens*vermittlung* spielen eine gewichtige Rolle, da der Erwerb der Zweitsprache – viel stärker als bei der Erstsprache – durch gezieltes Lernen, Memorisieren und Verarbeiten von Erklärungen gesteuert und beschleunigt werden kann. Allerdings sollten dabei nicht einfach Kompetenzziele definiert und an diese dann die alten Verlaufsmuster des Unterrichts angehängt werden, z.B. das verbreitete *present, practise, produce* (PPP; Instruieren, Üben, Leistungskontrolle). Vielmehr geben die Kompetenzziele die Ansprüche vor, auf die die Jugendlichen ihre Lernbemühungen ausrichten – dabei erhalten sie je nach individuellen Bedürfnissen unterschiedliche Unterstützung. Man kann hier von einer „Horizont-Didaktik" sprechen, wobei der gegenwärtige Lernstand, die Ansprüche und die gewählten Kompetenzziele die Art und Intensität des *scaffolding* bestimmen, das die Lernenden zu einem bestimmten Zeitpunkt erhalten (Bönsch et al. 2010, 25):

Je klarer die Ziele, ...	Differenzierung als oberstes Prinzip des *scaffolding:*
... desto erfolgreicher das Lernen; ... umso mehr können die Lernenden selber für ihre Erreichung tun; ... umso stärker ändert sich das Unterrichtsverständnis in Richtung des selbstgesteuerten Lernens.	• Eine Gruppe braucht intensive Instruktion und Unterstützung durch die Lehrperson. • Einige Schülerinnen und Schüler kommen mit den Medien- und Lernangeboten alleine zum Ziel. • Einige brauchen den intensiven Austausch, vor allem beim Üben (Partnerarbeit, Lehrerhilfen usw.).

„Zielerreichendes Lernen" im kompetenzorientierten Unterricht (angepasst aus BÖNSCH et al. 2010, 25)

Fähigkeiten der Wissensvermittlung sind also weiterhin gefragt, jedoch stärker als früher im Zusammenhang mit einer adaptiven Unterrichtsgestaltung. Es geht darum zu erkennen, welche Unterstützung Lernende brauchen, damit sie die geforderten Kompetenzziele erreichen, persönlichen Erfolg erleben und Lernen nicht beliebig verläuft. Dazu werden im Folgenden methodische Elemente dieses zielerreichenden Lernens dargestellt, die Lehrpersonen auswählen und spezifisch an die Bedürfnisse und den Horizont ihrer Lernenden anpassen können.

6.2 Grammatikunterricht

Die Vermittlung von Grammatik nimmt im Fremdsprachenunterricht noch immer eine dominante Stellung ein (BRUSCH 2009, 85). Dieser starke Fokus auf die Instruktion grammatischer Strukturen ist in der Didaktik zwar oft kritisiert worden, aber nicht nur Nachteile und führt auch nicht zwangsläufig zum Erwerb von „trägem Wissen":

• Lernende, die explizite Grammatikinstruktion erhalten, zeigen dieselbe Erwerbssequenz von Morphemstrukturen wie solche, die eine Sprache naturalistisch lernen, d. h. keine expliziten Instruktionen erhalten.

• Die Instruktion kann gewisse natürliche Sequenzen beim Erwerb der Fremdsprache nicht verändern, aber sie kann Lernern helfen, diese rascher und effizienter zu durchlaufen.

• Vorschnelle Instruktion von Strukturen, zu deren Aufnahme die Lernenden mental oder emotional nicht bereit sind, kann den Spracherwerb eher hemmen, da Lernende diese dann zu vermeiden versuchen (ELLIS 1994, 635 ff.).

GERade bei älteren, fortgeschrittenen Lernenden ist die explizite Instruktion formaler Strukturen ökonomisch, weil sie schnell zum Punkt kommt, die Intelligenz und Reife der Jugendlichen respektiert und die Rolle von kognitiven Prozessen beim Sprachlernen berücksichtigt. Besonders komplexere kommunikative Fähigkeiten bilden Lernende nur in dem Maße aus, in dem sie auch über die erforderlichen sprachlichen Mittel verfügen (Siepmann 2012, 30 ff.).

In Bezug auf Lernziele wie Autonomie und Reflexionsfähigkeit fällt dagegen negativ ins Gewicht, dass übermäßige Grammatikinstruktion rasch zu einem vermittelnden Unterrichtsstil führt. Der grammatische Metadiskurs kann kommunikative Arbeitsformen erschweren, und Grammatikübungen stellen nur „Scheinleistungen" dar, wenn sie die Produktivität der Sprache nicht ankurbeln. Dabei wenden die Lernenden gewisse Formen zwar an, diese werden aber nicht Teil ihrer individuellen Handlungsfähigkeit. Sie können dann einer Prüfung genügen, ohne dass die Grammatik zum dauerhaften Lernbesitz wurde (Butzkamm 2002, 229 ff.).

Die Debatte, ob und wie viel Grammatikunterricht dem Fremdsprachenlernen zuträglich sei, ist in der fachdidaktischen Forschung in jüngster Zeit zurückgetreten gegenüber dem Bemühen, die Aufmerksamkeit der Lernenden immer wieder auf formale Aspekte der Sprache zu lenken und den Aufbau entsprechender Strukturen auf vielfältige Weise zu unterstützen. Man geht davon aus, dass der wichtigste „Motor" des Fremdsprachenerwerbs in der natürlichen Interaktion der Lernenden mit verständlichem INPut besteht und dass dieser natürliche Prozess durch explizite Fokussierung auf grammatische Phänomene ergänzt und unterstützt werden muss (Instruktion, Erklärung, Übung). Dazu gehört auch, dass die Lehrpersonen sprachliche Regeln erklären oder dass Fehler der Lernenden korrigiert und verbessert werden.

Aufmerksamkeit auf zentrale Sprachmechanismen lenken

Indem die Aufmerksamkeit der Lernenden gezielt auf sprachliche Phänomene gelenkt wird, werden zentrale Voraussetzungen für eine Weiterentwicklung der individuellen Sprachkompetenz erfüllt *(consciousness raising).* Intensive Analyse sprachlicher Strukturen bedeutet nicht unbedingt, dass diese ab sofort fehlerfrei angewendet werden können. Allerdings werden dadurch die nötigen kognitiven Mechanismen in Gang gesetzt, sodass der korrekte und angemessene Gebrauch mit der Zeit erlernt werden kann. Ein bloßes Lösen von *tasks,* bei dem die Aufmerksamkeit nicht auf sprachlich-formale Aspekte gelenkt wird, kann dagegen leicht zur Fossilisierung der Sprachkompetenz führen: Lernende sind dann mit dem Erreichten zufrieden und ihre „Lernergrammatik" entwickelt sich nicht mehr weiter, egal wie viel INPut sie erhalten. Eine zentrale Strategie der kompetenzorientierten Didaktik sollte also sein, der Analyse sprachlich-formaler Strukturen eine hohe Bedeutung zuzumessen, ohne dass damit die Grammatikinstruktion zur dominierenden Unterrichtsmethodik würde:

We need a marriage of form and function, so that the naturalness of communication is not compromised while planned instruction and systematisation takes place. (SKEHAN/FOSTER 2001, 185)

Komplexe Kompetenzaufgaben sollten immer einen *focus on form* enthalten, d.h. Grammatik und Wortschatz spezifisch für die Bewältigung einer kommunikativen Situation einführen und üben. Statt diese Sprachmittel aber „auf Vorrat" zu vermitteln, muss von Fall zu Fall genau bedacht werden, welches sprachlich-formale Wissen die Lernenden bei einem *task* benötigen, was sie schon können und welche Lernschritte noch notwendig sind. Dieser Zusammenhang ist in der folgenden Abbildung für verschiedene Unterrichtshandlungen deutlich gemacht:

Aufgabenangebot/ Lernumgebung herstellen	Aufgabennutzung sicherstellen	Lernertrag evaluieren
Kompetenzziele festlegen: • kommunikative, • inhaltliche, • formal-sprachliche, • personale und motivationale Ebenen berücksichtigen.	Kompetenzziele explizit machen: Die Schülerinnen und Schüler • schätzen ihre eigenen Stärken/Schwächen ab, • planen ihr Vorgehen, • organisieren Hilfe und Unterstützung.	Kategorien der Evaluation: • kommunikative, • inhaltliche, • formal-sprachliche, • personale und motivationale Fähigkeiten erfassen. Evaluation spezifisch auf die Kompetenzziele der Unit beziehen.
Aufgabe formulieren und Material bereitstellen: • auf echte Diskurse und relevante Themen bezogen, • offene und verschiedene Zugänge zulassend, • an authentischen Texten und Textsorten orientiert.	Aufgabe bearbeiten: Die Schülerinnen und Schüler • bearbeiten die Aufgabe fokussiert auf Thema und Inhalte, • integrieren einen breiten Fächer an sprachlichen und metasprachlichen Kompetenzen.	Instrumente der Evaluation: • Schülertexte und -äußerungen, • Sprachprüfungen, • Beurteilungsraster, • Gespräche, • Lernjournale und Portfolios.

Aufgabenangebot/ Lernumgebung herstellen	Aufgabennutzung sicherstellen	Lernertrag evaluieren
Focus on form planen: • Welche Grammatik- und Vokabularkenntnisse werden zur Lösung benötigt? • Was können die Schülerinnen und Schüler schon, was ist neu? • Materialien, Hilfen und Übungen planen und bereitstellen.	*Focus on form* differenziert einsetzen: • Aufmerksamkeit der Schülerinnen und Schüler auf zentrale Strukturen lenken, • dazu Instruktion von Grammatik anhand von *teachable rules*, • zusätzliche Übungen und *drills* (individuell und evtl. computerbasiert).	Evaluation formal-sprachlicher Kompetenzen: • Beurteilungsraster mit Kriterien, die explizit auf Kompetenzen in den Bereichen Grammatik und Wortschatz ausgerichtet sind, • spezifische Evaluationsaufgaben für Grammatik und Vokabular.

Focus on form *bei komplexen Kompetenzaufgaben*

Grammatik im Kontext betrachten

Die Übersicht macht deutlich, wie wichtig eine integrierte Betrachtung von Grammatik- und Vokabulararbeit ist: Diese wird als wichtige Teilfähigkeit einer umfassenderen Handlungskompetenz gesehen, wobei sprachliche Bedeutungen in einem bestimmten Kontext erzeugt werden, in dem gewisse Sprachstrukturen für die erfolgreiche Kommunikation nötig sind. Die „kontextfreie" Instruktion von Grammatik ohne Bezug auf Anwendungskontexte macht hingegen wenig Sinn.

Wenden wir uns noch einmal den Beispielen komplexer Kompetenzaufgaben aus dem Kap. 5 zu. Diese bauen alle auf der Auseinandersetzung mit authentischen Fragen und Materialien auf. Nach der inhaltlichen erfolgt jeweils die sprachliche Analyse, wobei die Lernenden nach sprachlichen Gesetzmäßigkeiten suchen oder Beispiele für praxisrelevante Ausdrucksformen herausarbeiten. Durch genaue Beobachtung und Nachvollziehen von sprachlichen Mustern erwerben sie explizites wie auch implizites Wissen über kompetentes Handeln in anspruchsvollen Situationen, wobei sowohl inhaltliche wie formal-sprachliche Aspekte in den Blick kommen:

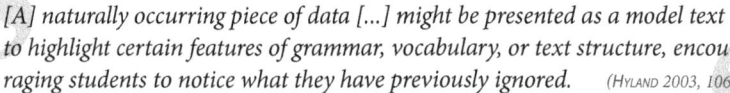

[A] naturally occurring piece of data [...] might be presented as a model text to highlight certain features of grammar, vocabulary, or text structure, encouraging students to notice what they have previously ignored. (HYLAND 2003, 106)

Die Darstellung auf S. 99 zeigt entsprechende Aufgabenformate in unterschiedlichen Kompetenzbereichen.

Aufgabe/ Kompetenz- bereich	Zielsprachliche Struk- turen (Ausrichtung des focus on form)	Aufgabenformate	Mögliche Erweiterungen
Lauren, former credit card abuser **Listening**	• Verben und Präpositionen • themenspezifisches Vokabular	Lernende analysieren alle *verb-preposition*-Verbindungen im Text, vergewissern sich deren Bedeutungen und Gebrauchsregeln, erstellen eine Vokabelliste und memorisieren diese.	• gezielte Instruktion der Funktionsweisen und Bedeutung unterschiedlicher Präpositionen • entsprechende Übungen und *drills* • Arbeit mit Wörterbüchern oder *language corpora*
Debating the pros and cons of credit cards **Speaking**	• *linking devices (however, furthermore)* • *conditionals (if-clauses)* • themenspezifisches Vokabular	Lernende bereiten ihre Beiträge zur Debatte vor. Anhand eines Beurteilungsrasters[1] sehen sie, welche sprachlich-formalen Elemente dabei zentral sind, erhalten dazu gezielten INPut und vertiefen diesen mit geeigneten Übungen.	• Regelvermittlung und Übungen mit einem *grammar reference work* • vertiefte Behandlung von *conditionals*, wobei die verschiedenen Typen verglichen und deren Funktionen analysiert werden
Living on a Dollar a Day in Malawi **Reading**	• *tenses*, v. a. Unterschiede von *present tenses* und *past tenses*	Lernende analysieren die Verwendung von *present* und *past tenses* im Text und klären deren narrative und textstrukturierende Funktionen.	• vertiefte Behandlung des Themas *tenses* mit einem *grammar reference work*, wobei weitere Unterscheidungen herangezogen werden (verschiedene *future tenses, past perfect tense* usw.)
Martha becomes a newsreader **Writing**	• sprachlich-formale Eigenheiten von *formal letters* (Einleitungs- und Grußformeln, Mittel zur Paragrafenstrukturierung usw.)	Die Lernenden analysieren einen Musterbrief und arbeiten daran sprachliche Eigenheiten von *formal letters* heraus.[2]	• vertiefende Behandlung der sprachlichen Mittel durch spezifische Übungen • Vergleich von *formal letters* mit weiteren Texttypen (z. B. *report*)

1 vgl. S. 128
2 vgl. dazu auch die entsprechende Arbeitsphase in der Unterrichtseinheit *Writing a Letter* (S. 17 ff.), wobei Mustertexte analysiert und daraus eine *toolbox* von sprachlichen Handlungswerkzeugen erstellt wird

Focus on form and consciousness raising *dargestellt anhand der Kompetenzaufgaben aus Kap. 5 (S. 46 ff.)*

6.3 Integration von Grammatik und Lexis

Zu einer hoch entwickelten Handlungskompetenz in der Fremdsprache gehört ein großes Arsenal von sogenannten *lexical chunks,* die die Fähigkeit zur flüssigen Kommunikation entscheidend beeinflussen:

It is our ability to use lexical phrases [...] that help us to speak with fluency. This prefabricated speech has both the advantages of more efficient retrieval and of permitting speakers (and hearers) to direct their attention to the larger structure of the discourse, rather than keeping it focused narrowly on individual words as they are produced. (Nattinger/DeCarrico 1992, 32)

Lexical phrases oder *chunks* sind nichts anderes als Wortgruppen, die man gewöhnlich zusammen oder in unmittelbarer Nachbarschaft antrifft. Dazu gehören Verbindungen von lexikalischen Wörtern und Funktionswörtern (z. B. *look forward to seeing you)* wie auch die Kombination von lexikalischen Wörtern (manchmal *collocations* genannt; z. B. *good luck, widespread abuse).* Aufgrund der enormen Bedeutung solcher *chunks* formulierte Lewis das Prinzip „Language consists of grammatical lexis, not lexicalised grammar" (Lewis 1993, vi).

Aus diesen Erkenntnissen ergeben sich die folgenden Prinzipien für den Erwerb formal-sprachlicher Handlungskompetenzen:
- Wir können ganze Phrasen verwenden, ohne die einzelnen Bestandteile genau zu verstehen.
- Kompetenzerwerb in der (Fremd-)Sprache besteht in der zunehmenden Fähigkeit, ganzheitliche Strukturen in ihre konstituierenden Teile zu analysieren.
- Grammatikkompetenz wird weitgehend in einem Prozess der Beobachtung, Hypothesenbildung und des Anwendens erworben.

Als konkretes Beispiel für einen solchen Prozess kann die komplexe Kompetenzaufgabe *Lauren, former credit card abuser* dienen (vgl. S. 82). Die Lernenden setzen sich dabei mit einem authentischen Videoclip auseinander (inhaltlicher und kommunikativer Fokus). Beim *focus on form* wird die Aufmerksamkeit auf die formale Struktur der verwendeten Sprache gelenkt, wobei Verbindungen von Verben und Präpositionen im Zentrum stehen. Die Lernenden gehen das Transskript des Videoclips durch und stellen alle *lexical phrases* mit der Struktur *verb & preposition* zusammen. Sie tauschen ihre Ergebnisse aus und klären mit der Lehrperson die Bedeutung der einzelnen Elemente sowie deren kontextuell adäquate Verwendungsformen. In dem Clip, der keine zwei Minuten dauert, finden sich folgende Ausdrücke:

to <u>be</u> <u>in</u> debt	the balance would never <u>go</u> <u>down</u>
to <u>go</u> <u>on</u> a vacation <u>to</u> Costa Rica	my parents <u>took</u> my credit card <u>away</u>
to <u>carry</u> <u>around</u> cash	I have to <u>live</u> <u>within</u> my means
to <u>get</u> your hands <u>on</u> something	to <u>pay</u> that <u>back</u>
it did not <u>occur</u> <u>to</u> me	it is going to <u>start</u> <u>to</u> <u>stack</u> <u>up</u>
<u>spent</u> it <u>in</u> the next two weeks	all that money <u>goes</u> <u>in</u> the bank
I'll <u>pay</u> it <u>off</u> when I <u>come</u> <u>round</u> to it	don't <u>run</u> <u>up</u> your credit card bill

Verb-Präpositionalstrukturen in Lauren, former credit card abuser *(vgl. Anhang)*

Dieses Beispiel zeigt erstens, welch reichhaltiges Sprachmaterial für die sprachlich-formale Arbeit sogar ein kurzer authentischer Text enthalten kann. Die Lernenden werden dabei mit Varianten des Ausdrucks konfrontiert, die die sprachliche Wirklichkeit reflektieren und in keinem Lehrbuch zu finden sind. Durch mehrmalige genaue Analyse bemerken sie oft selber jene Sprachformen, die sie interessant finden oder zur Lösung einer bestimmten Aufgabe brauchen: „[L]earners are more likely to notice language features in the input that they themselves have need for, rather than language features that have simply been served up to them." (THORNBURY 1999, 134) Manche davon können leichter und rascher übernommen werden, da sie zu diesem Zeitpunkt für die Lernenden viabel sind – also für sie Sinn machen und einem thematischen Anwendungsbedürfnis entsprechen.

Nützliches Sprachpotenzial „freilegen"

Das Beispiel zeigt zweitens, welch herausragende Bedeutung solche *lexical phrases* in der englischen Sprache haben. Ihre Bildung kann nicht als abstrakte Regel formuliert werden, sondern ist an sprachliche Konventionen gebunden, die Phrasen und Wortverbindungen müssen als solche memorisiert werden. Lernende erweitern ihre sprachlichen Handlungskompetenzen, indem sie die Ausdrücke im Text bewusst „aufstöbern", sammeln, sich einprägen und ihren kontextuell angemessenen Gebrauch üben. Diesen Prozess kann man allgemein beschreiben als

a) Spracherfahrungen machen und gewisse Strukturen bemerken
   (noticing);
b) Hypothesen bilden;
c) Bedeutung und Verwendungskontexte klären;
d) Strukturen üben und selbstständig kontextuell situiert wieder anwenden.

   Diese lernerbezogene, eigenständige Tätigkeit ist beim Erwerb sprachlich-formaler Fähigkeiten besonders wichtig:

> *Das allmähliche Isolieren von Regelmäßigkeiten in der Spracherfahrung und das daran angeknüpfte allmähliche Verfertigen von Regeln für die eigene sprachliche Produktion ist (trotz aller Irrtümer und Umwege) ein Prozess, der das direkte Übernehmen einer gegebenen Regel an Prägekraft übertrifft. In ihm kommt die Kreativität des Menschen zum Zuge, die zu seiner spezifischen Ausrüstung gehört.*
>
> (HÜLLEN 1983, 168)

Für die Unterrichtsplanung kann man sich die Tatsache zunutze machen, dass gewisse Strukturen in manchen Kontexten gehäuft auftreten. Ein Beispiel dafür ist der Text *Living on a Dollar a Day in Malawi*, der dem Genre *report* zuzuordnen ist. Dabei sind *present* und *past tenses* besonders wichtig, weil bestimmte Zustände in der Gegenwart beschrieben werden, ihre Häufigkeit angegeben wird und die in der Vergangenheit liegenden Ursachen dargestellt werden (vgl. S. 87). An diesem Beispiel zeigt sich, wie vielfältig die grammatischen Möglichkeiten zum Ausdruck von Regelmäßigkeit in der englischen Sprache sind:

1. Gebrauch des *present simple* (sowohl aktiv wie passiv): She *wants* to be a reporter; the soil *is eroded;*
2. Gebrauch von Zeitadverbien und *adverbs of frequency* (in Zusammenhang mit dem *present simple):* the Phiri family begins its day *at 4:30 a.m.;* Crops *often* fail when rains don't come;
3. die *lexical phrases* "x *is common*" und "x *is not uncommon*": Running out of food *is common* in Malawi; Such generosity *is not uncommon* among Malawians;
4. das Modalverb *will* im Zusammenhang des *present simple:* neighbors *will buy* each other medicine for common diseases.

Die Liste zeigt auch die „Überlappung" von Grammatik und Lexis: Die Beispiele 1 und 4 haben grammatischen Charakter, wobei sich *slot-and-filler rules* für ihre Bildung formulieren lassen (z.B. *present simple = subject + verb [if 3rd person sg. then ending –(e)s] + object)*. Beispiel 3 ist gänzlich auf der Ebene des Wortschatzes angesiedelt *(chunk)*. Bei Beispiel 2 muss man sowohl die verschiedenen Adverbien kennen wie auch über grammatische Regeln für deren Anwendung verfügen *(adverbs of frequency usually occur before the main verb)*. Die Unterscheidung von Grammatikunterricht und Wortschatzunterricht wird damit hinfällig; an deren Stelle tritt das Aufsuchen und Memorieren relevanter Strukturen sowie das Bilden von Regularitäten, wobei persönliche Neugier und „Verstehen-Wollen" wichtige Triebfedern sind.

6.4 Die Bedeutung von Genres

Fremdsprachliche Handlungskompetenz wächst immer auch im Kontakt mit authentischen zielsprachlichen Äußerungen heran. Dazu zählen im Unterricht alle Arten von Tondokumenten, Dialogen, Sachtexten und literarischen Werken, mit denen die Lernenden sich befassen. In der Auseinandersetzung damit lernen sie, gesellschaftlich und sprachlich so zu handeln, wie es in der Zielkultur üblich ist (CANDLIN et al. 1996, 10).

Natürlich gehen die Ziele, die sich mit der Auseinandersetzung mit authentischen Texten und Diskursen im Fremdsprachenunterricht verbinden, weit über den Erwerb formal-sprachlicher Fähigkeiten hinaus. Menschliche Kommunikation und Interaktion findet nie in formloser Rede oder strukturlosen Äußerungen statt. Vielmehr haben sich auf praktisch allen Feldern der Kommunikation und für alle Kommunikationszwecke diskursiv-textuelle Muster herausgebildet. Und da Kommunikation grundsätzlich generisch strukturiert ist, „erfordert alles sprachliche Lernen die Einübung generischer Muster diskursiver Kommunikation" (HALLET 2011, 112 ff.). In einem Genre kompetent zu sein, heißt demnach, Methoden des Denkens und Formulierens zu kennen und zu beherrschen, welche den Diskurs in einer bestimmten Disziplin bestimmen und prägen (SWALES 1990). Authentische Texte haben dabei nicht bloß eine inhaltlich-thematische Komponente, sondern auch eine kommunikative und addressatenbezogene: „Authentic texts carry considerable information about those who write them, their relationship to their audience, the culture of the community in which they were written, and the general context in which the genre is used." (HYLAND 2003, 93)

„Genre" heißt: An wen richte ich mich?

Mit der intensiven Bearbeitung von Genres betont die kompetenzorientierte Didaktik auch den sozialen Charakter allen Sprachgebrauchs. Generisches Lernen ist dabei zentral, da dieses

- sich an den kulturell kontextualisierten Formen zwischenmenschlichen Handelns orientiert und daher den Bildungsanspruch der Entwicklung von fremdsprachlicher Diskursfähigkeit und interkultureller Partizipationsfähigkeit einlöst;
- von einem ganzheitlichen Verständnis der Kommunikation ausgeht und auf die lebensweltliche Anwendung und Erzeugung von konventionalisierten Diskursformen abzielt;
- generische Muster als erlern- und abrufbare kognitive Schemata versteht, was auch formal-sprachliche Fähigkeiten einschließt (HALLET 2011, 115).

Da es für die Sekundarstufe noch keine „Genre-Curricula" gibt, ist es eine Herausforderung für Englischfachschaften und Lehrkräfte, geeignete Textsorten für ihren Unterricht zu identifizieren. Dabei sollte keineswegs bis zur Oberstufe mit dem Einbezug authentischer Texte gewartet werden, sondern diese sollten von Anfang an eine wichtige Rolle im Unterricht spielen. Mit entsprechender Unterstützung können Schülerinnen und Schüler früh lernen, bestimmte Arten von Texten zu lesen und zu verstehen, wenn diese strukturelle und sprachliche Merkmale aufweisen, die typisch und wiederkehrend sind und sich deshalb gut zur Texterschließung eignen. Man kann dies an den Textsorten *procedure* und *report* zeigen, die für die Sekundarstufe I besonders relevant sind:

	Prodecure	Report
Purpose	Tells how to do something	Informs readers of something
Structure	Goal – materials required – steps needed	Identifying statement – description
Grammar	Imperatives, action verbs, descriptive words, adverbials to express details of time, place and manner, connectives, and sequencers	General nouns, relating verbs, action verbs, timeless present tense, topic sentences to organize bundles of information

Eigenschaften der Textsorten procedures und reports *(HYLAND 2007, 153)*

In jüngster Zeit ist der Versuch unternommen worden, verschiedene Texttypen in Beziehung zu den Kompetenzniveaus des *Europäischen Referenzrahmens für Sprachen* zu setzen (NORTH et al. 2010). Man kann dabei sehen, dass bereits auf Stufe A1 der Einbezug gewisser authentischer Textsorten möglich ist:

Text type	A1	A2	B1	B2	C1
menus	simple				
maps, tourist leaflets, posters					
advertisements	simple				
personal descriptions			feel, wish	feel, wish	literary
factual texts, articles, reports					

Aufteilung von text types *zu den Kompetenzstufen des GER (nach NORTH et al. 2010, 36)*

Ein Risiko des Einsatzes authentischer Texte von Anfang an besteht darin, dass die Lernenden überfordert sind oder nicht genügend unterschiedliche und thematisch reichhaltige Texte vorfinden. Damit erhalten sie auch keinen adäquaten *language input* zum kumulativen Aufbau sprachlicher Handlungskompetenz. Eine sinnvolle Ergänzung bieten deshalb „semi-authentische", leicht vereinfachte Texte. Um solche für ihren Unterricht selber herzustellen, können sich Lehrpersonen folgender *text adaptation strategies* bedienen:

shortening	Streichung nicht essenzieller Abschnitte und Reduktion der Textlänge. Achtung: Kürzungen, die die Textkohärenz vermindern, *erschweren* das Verständnis für die Lernenden, anstatt es zu erleichtern.
segmenting	Der Text wird in kurzen Abschnitten behandelt, um die kognitive Komplexität zu reduzieren (z. B. wird bei einem argumentativen Text zuerst die Einleitung, dann die Argumentation, am Ende der Schluss besprochen).
simplifying	Die linguistische Struktur des Textes wird „entschärft", z. B. indem *low frequency words* durch *high frequency words* ersetzt oder die syntaktische Komplexität von Sätzen reduziert werden. Allerdings geht dabei oft der authentische *flavour* des Textes verloren.
co-textualizing	Der Text wird in den Ko-Text eingebettet, sodass *top-down*-Verständnisschemata aktiviert werden und die kognitive Verarbeitung erleichtert wird (z. B. zu einem *newspaper article* werden Fotos, Grafiken usw. geliefert, die das sprachliche Material erschließen helfen).
glossing	Für schwierige Ausdrücke werden Erklärungen und Umschreibungen geliefert und damit die Vokabularmenge sowie die Zeit des Nachschlagens in Wörterbüchern reduziert.

Text adaptation strategies *nach THORNBURY (2005b, 116 f.)*

Ein weiteres Arbeitsprinzip des Umgangs mit authentischen Texten und Textsorten im Englischunterricht lautet „grade the task not the text" (THORNBURY 2005b, 108). Dabei wird die Schwierigkeit des Textes beibehalten, durch Veränderung der Lernaufgaben und vermehrtes *scaffolding* aber das Verständnis erleichtert und unterstützt. Mit diesen Adaptionsstrategien kann generisches Lernen auf *allen* Stufen des Englischunterrichts auf der Sekundarschule ermöglicht werden. Authentische oder semi-authentische Texte können dann zu „Lernwerkzeugen" werden, wenn sie ausgearbeitete

Formen der Bewältigung wiederkehrender kommunikativer Aufgaben darstellen (Böttcher/Becker-Mrotzek 2003, 23).

Passgenaue Unter-
stützung bieten

pre-teaching	Bestimmte Vokabularthemen oder *chunks* werden „vorentlas-tet". Moderne *learner dictionaries* enthalten z. B. Angaben zur *word frequency,* was den Lehrkräften das Abschätzen der nöti-gen Vorentlastung erleichtern kann.
brainstorming	Die Lernenden tragen zusammen, was sie bereits zu einem Thema wissen und aktivieren damit relevantes thematisches Hintergrundwissen.
predicting	Die Lernenden werden ermutigt, Voraussagen über den Inhalt oder die Organisation eines Textes/Mediums zu machen. Dabei können verschiedene verbale und nonverbale Hinweise verwen-det werden (Schlagzeilen, Titel, Diagramme, Bilder usw.).
initial skimming	Die Lernenden „überfliegen" einen Text kurz, um sich einen ersten Eindruck vom Themas zu verschaffen, bevor die detail-lierte Auseinandersetzung damit erfolgt. Hilfreich dabei sind Fragen nach dem setting des Textes oder Genres: *Who is writing/saying what for whom?*
while-reading/ while-listening tasks	Eine geeignete Begleitaufgabe kann das Verständnis eines Hör-oder Lesetextes erleichtern. Hat der Text eine feste Struktur *(narrative),* können die Lernenden z. B. Bilder entsprechend anordnen, während sie hören oder lesen.

Task-design strategies *(nach Thornbury 2005b, 118 f.)*

Adaptation und scaffolding
Wenden Sie die hier geschilderten *text adaptation* und *task-design strategies* auf
eine selbst gewählte Kompetenzaufgabe oder einen authentischen Text an.

Zur Unterstützung der Arbeit mit authentischen Texten kann eine *toolbox*
hilfreich sein: Dabei klassifizieren die Lernenden organisatorische, strukturelle und sprachlich-formale Elemente eines bestimmten Texttyps und
fassen diese in einer individuell gestalteten Übersicht zusammen (vgl. das
Beispiel zu *formal/informal letters,* S. 28). Dabei kann sich in der Lern-
gemeinschaft ein gemeinsames Verständnis dafür entwickeln, welche struk-
turellen und linguistischen Merkmale eine Textsorte aufweist und wie diese
Elemente in der eigenen Sprachproduktion verwendet werden können. Es
geht dabei nicht um Techniken der effektiven Oberflächenbearbeitung,
sondern um verstärkte Tiefenverarbeitung sowie um den Erwerb von
deklarativem und prozeduralem Sprachwissen. Die Lernenden sollen ein

Vokabular entwickeln für das, was sie tun, und so auch fähig werden, die eigenen Lernhandlungen zu evaluieren und wenn nötig selber zu korrigieren.

6.5 Literarische Texte

In diesem Kapitel wurde dafür plädiert, den Aufbau von fremdsprachlicher Handlungskompetenz weitgehend an authentischen Texten und Genres sowie lebensweltlichen Diskursen auszurichten. Für die Sekundarstufe I sind dabei Gebrauchstexte wie *reports* oder *procedures* besonders relevant, da diese mit beschränkten Sprachkenntnissen verständlich sind und Lernende im späteren Leben mit hoher Wahrscheinlichkeit entsprechende Texttypen verstehen und verwenden müssen. Die damit verbundene Fokussierung auf Gebrauchstexte darf jedoch nicht bedeuten, dass das literarische Lesen oder die Beschäftigung mit ästhetisch anspruchsvollen Textsorten aus dem Blick fallen sollten.

Dieser Hinweis ist besonders wichtig, da mit der Einführung von Bildungsstandards eine gewisse Gefahr einer Marginalisierung des literarischen Lesens und Interpretierens einhergeht (vgl. dazu ausführlich Bredella 2007). Sowohl in der Expertise *Zur Entwicklung nationaler Bildungsstandards* (Klieme et al. 2003) als auch im *Europäischen Referenzrahmen* (GER) werden literarisches Lesen und die Behandlung entsprechender Texte im Fremdsprachenunterricht vernachlässigt oder nicht erwähnt. Die daraus erwachsende „Gefahr der Verengung von literarischer Kompetenz und Bildung durch Bildungsstandards" (Brusch 2009, 127) ist primär in der nicht erfolgten Operationalisierung von Kompetenzen wie „ästhetisches Lesen" oder „literarische Interpretation" begründet (d. h., es gibt keine Kompetenzraster oder Skalen dafür).

Betrachtet man die Kompetenzorientierung als den Versuch, den jungen Menschen möglichst einen breiten Fächer an produktiven und rezeptiven Sprachkompetenzen zu vermitteln und sie in fachlichen, personalen und motivationalen Belangen *gleichermaßen* zu fördern, dann kommt literarischen Texten eine entscheidende Bedeutung zu. Diese laden die Jugendlichen viel intensiver zur persönlichen Identifikation und zur subjektiven Teilhabe an einer Schilderung ein, als Alltags- oder Gebrauchstexte dies können:

Literatur ist Basiskompetenz

> *Deshalb sollten wir nicht auf eine Textsorte verzichten, die uns zum Mitdenken und Mitfühlen ermutigt, unsere Empathie und Sympathiefähigkeit fördert, zum Einnehmen unterschiedlicher Perspektiven motiviert und damit zum interkulturellen Verstehen beiträgt und für die es eine umfangreiche Methodik gibt, mit der ihr pädagogisches Potenzial im Unterricht realisiert werden kann.*
>
> (BREDELLA 2007, 83)

Literarische Texte bieten die Gelegenheit, soziale und kulturelle Prozesse in verschiedenen gesellschaftlichen Kontexten und Epochen zu reflektieren, an ihnen Problemlösungsfähigkeit zu entwickeln und diese auch nachzuweisen (HALLET 2011, 47). Der Gefahr der Marginalisierung des literarischen Lesens kann auf der Sekundarstufe also nur entgegengewirkt werden, wenn die Lehrkräfte selber einen bewussten Gegenakzent setzen, entsprechende Kompetenzziele definieren und das pädagogische Potenzial literarischer Texte nutzen. Die Beschäftigung damit bedeutet nicht, dass damit „testbares" Wissen vernachlässigt würde. Im Gegenteil werden beim literarischen Lesen, Analysieren und Interpretieren auch viele „testbare" Kompetenzen entwickelt. Generell wird die Bedeutung literarischer Texte für das sprachliche Lernen noch immer unterschätzt (HALLET 2010, 118 f.).

An dieser Stelle kann nicht auf alle Aspekte des literarischen Lesens eingegangen werden. Im Folgenden soll am Beispiel eines Gedichts das pädagogische Potenzial ästhetischer Texte praktisch sichtbar gemacht werden. Gedichte können bereits mit Kindern in der Primarschule angegangen werden, da diese eine besondere Affinität zu Abzählversen oder *nursery rhymes* haben. Auch für die untere Sekundarstufe gibt es eine ganze Anzahl von Formen, welche Lernende bereits mit begrenzten Sprachkompetenzen verstehen und an denen sie das spielerische, sprachintensive und persönlich-teilnehmende Lesen erfahren können: *limerick, haiku, tongue twister, shape poem, song* usw. (THALER 2008, 122 ff.).

Das folgende Gedicht passt eher zum Ende der Sekundarstufe oder zu den mittleren Stufen des Gymnasiums. Zum reinen Lesespaß kommt dabei eine vertiefte Analyse der *literary devices,* mit denen der Text seine Wirkung auf die Leserinnen und Leser erzielt. Es handelt sich um das Gedicht „Kid" von SIMON ARMITAGE (1992).

Die Lektüre dieses Textes soll einen Beitrag zur Erreichung von Kompetenzzielen im literarisch-ästhetischen Bereich leisten:

Level A "minimal"	Level B "mittel"	Level C "Experte"
I can understand contemporary novels, plays, short stories and poems, understand the plot, the motives for the characters' actions, the overall meaning as well as the significant details.	I can perceive various levels in a literary text, which are relevant for its meaning (plot, array of characters, imagery, authorial comment, irony).	I can read realistic literary texts from the 20th and 21st century with ease; I can perceive and interpret the symbolic level beneath the realistic plot of a narrative. I can perceive a subtle use of irony; I can recognise the social, political or historical background of a literary work.

Drei Kompetenzstufen des literarischen Lesens für die Mittel- oder Oberstufe (OSTERWALDER 2013, in Vorbereitung)

Die hier dargestellten Kompetenzziele beziehen sich auf die gymnasiale Oberstufe, was besonders an den Formulierungen in Level C erkennbar wird; Level A kann allerdings bereits in den oberen Stufen der Sekundarstufe I angestrebt oder zumindest vorbereitet werden. Dazu wird im Folgenden ein *PWP approach* gewählt (mit einer *pre-*, einer *while-* und einer *post-reading phase;* THALER 2008, 117).

> Kid
> Lesen Sie das Gedicht „Kid" von Simon Armitage. Halten Sie Ihr persönliches Verständnis des Textes fest und schätzen Sie ein, ob es zur Erreichung der oben genannten Kompetenzziele (Level A) geeignet ist und welche Unterstützung die Schülerinnen und Schüler dabei (vermutlich) benötigen. Beziehen Sie dazu die oben erwähnten *task design* und *text adaptation strategies* mit ein.

Kid (Simon Armitage, 1992)

1   Batman, big shot, when you gave the order
to grow up, then let me loose to wander
leeward, freely through the wild blue yonder
as you liked to say, or ditched me, rather,
5   in the gutter … well, I turned the corner.
Now I've scotched that 'he was like a father
to me' rumour, sacked it, blown the cover
on that 'he was like an elder brother'
story, let the cat out on that caper
10 with the married woman, how you took her
downtown on expenses in the motor.
Holy robin-redbreast-nest-egg-shocker!
Holy roll-me-over-in the-clover,
I'm not playing ball boy any longer
15 Batman, now I've doffed that off-the-shoulder
Sherwood-Forest-green and scarlet number
for a pair of jeans and crew-neck jumper;
now I'm taller, harder, stronger, older.
Batman, it makes a marvellous picture:
20 you without a shadow, stewing over
chicken giblets in the pressure cooker,
next to nothing in the walk-in larder,
punching the palm of your hand all winter,
you baby, now I'm the real boy wonder.

Das Gedicht hat die Form eines witzigen dramatischen Monologs, der aber auch eine ernste Botschaft transportiert. Als Sprecher tritt Batmans treuer Partner „Robin the Boy Wonder" auf, der vielen Lernenden aus Comicstrips, Fernsehprogrammen und Filmen bekannt sein sollte. Allerdings lebt dieser nun sein eigenes Leben, hat sich von seinem schwarzgefiederten „Übervater" emanzipiert und tritt diesem teils triumphierend, teils vorwurfsvoll und nachdenklich entgegen (vgl. umfangreiche Materialien zu diesem Gedicht finden sich unter http://www.bbc.co.uk/schools/gcsebitesize/english_literature/poetarmitage/kidrev1.shtml, letzter Zugriff am 15.10.2012). Das Gedicht thematisiert die Problematik des Erwachsenwerdens und die damit verbundene Neuorientierung und Umgestaltung der Beziehung zu Vorbildern aus der Jugend, wobei an mehreren Stellen auf eine Art Vater-Sohn-Beziehung hingewiesen wird.

In der folgenden Sequenz werden drei Teilziele verfolgt:

1. Verankerung des Gedichts im persönlichen Vorstellungsraum der Lernenden und Aktivierung des Vorwissen,
2. Analyse der *literary devices* mit dem Ziel, die Wirkung des Gedichts vertieft zu verstehen und
3. Bearbeitung des Themas in eigenen Worten und die Dokumentation des persönlichen Kompetenzerwerbs in einem Portfolio.

Pre-reading activities

Variante 1: Zugang über die Comicfiguren und deren kulturelle Hintergründe	Variante 2: Zugang über das Gedicht selbst
• Write down everything you know about Batman (e.g. mind map); compare your ideas with others. • Use the Internet to explore the figure of Batman and the other characters in his environment. • Watch some video clips on YouTube. Discuss what emotions the figures of Batman and Robin trigger in you. Ask yourself how Robin must feel towards Batman and what his role in the stories is. (nach OSTERWALDER 2013, in Vorbereitung)	• Listen to a recording of this poem and read along. Note down all your ideas, feelings and questions. Compare these with others in the class. • Note down any phrases or expressions that you find interesting. Say what fascinates you about them and try to find out what they could mean (for example by asking your teacher or using the Internet). • Who is the speaker in this poem and what do we know about his relationship to „Batman", in the present and in the past? Collect information and compare with others.

Persönliche Zugänge finden

Pre-reading activities *zu „Kid" von* SIMON ARMITAGE

Die Aufträge in dieser Phase dienen der Aktivierung des Vorwissens der Lernenden und machen deren Konzepte zum Gedicht zuerst im Rahmen der eigenen Vorstellungswelt erfahr- und diskutierbar. Damit die Lernenden damit produktiv umgehen können, sind je nach Klasse Hilfen durch die Lehrpersonen nötig (Worterklärungen, Hinweise zu Lesestrategien usw.).

While-reading activities

Beim Genre Gedicht ist diese Bezeichnung etwas irreführend, da die folgenden Aufträge nicht (wie bei einem Roman) parallel zur Lektüre erfolgen, sondern danach erledigt werden und ein vertieftes Verständnis des Textes fördern. Die Lernenden sollen erkennen, dass es sich bei diesem (auf den ersten Blick) wilden und formlosen Text um ein durchkomponiertes Kunstwerk handelt, bei dem kein Ton, kein Wort, keine Zeile und kein Satz zufällig sind. Dieser analytische Leseprozess baut auf den persönlichen Erfahrungen der Lernenden auf und soll ihnen ermöglichen, einen „Blick hinter die Kulissen" des Wortmagiers ARMITAGE zu werfen.

Die *tasks* zu dieser Phase lassen sich unterschiedlich formulieren und es bleibt der Erfahrung der Lehrpersonen überlassen, wie sie die Aufmerksamkeit der Lernenden genau auf die im Folgenden aufgelisteten Strukturelemente im Gedicht lenken wollen. Eine simple und effiziente Methode dazu wäre einfach die Aufforderung *„Analyze the structure/content/rhythm/ language/imagery etc. of the poem"*; evtl. verbunden mit einer kurzen Einführung in die entsprechenden *devices* (THALER 2008, 130 ff. bietet eine hilfreiche Liste dazu). Eine solche formale Analyse ist dann sinnvoll, wenn die Lernenden selber Neugierde hinsichtlich der sprachlichen Wirkungsmechanismen des Textes entwickelt haben – was die einleitenden Aufgaben zum Ziel haben.

Anhand der Diskussion dieser *literary devices* werden die Lernenden nicht bloß sprachliche Kompetenzen erwerben, sondern auch mit einer großen Anzahl echter zielsprachlicher Diskurse und Register in Kontakt kommen. Bei sorgfältiger Lektüre erschließt dieser Text den jungen Menschen also Gefühle, Horizonte und Weltausschnitte, zu denen sie sich selber in Beziehung setzen können und von denen aus sie ähnliche Gefühle und Erfahrungen neu erleben und überdenken können. Das Gedicht eröffnet ihnen die Möglichkeit, an ihre persönlichen Erfahrungen anzuschließen, dabei auch Erfahrungen anderer Menschen in der fremden Sprache zu begegnen, ihre eigenen Vorstellungen in deren Licht zu perspektivieren (HALLET 2011, 102).

Inhalt	Im Gedicht schaut ein junger Mensch „Robin" teils triumphierend, teils vorwurfsvoll und ironisch gebrochen auf die Beziehung zu einem Erwachsenen (Batman) zurück, wobei vom einstmals bewunderten Vorbild nur noch ein Geist übriggeblieben ist *(you without a shadow*, Z. 20).
Struktur und Rhythmus	Das Gedicht hat nur eine einzige Strophe, die eigentlich aus fünf langen Sätzen besteht. Diese Sätze werden durch Zeilenbrücke in Pentameter (mit jeweils zehn Silben) unterteilt. Die unregelmäßigen Rhythmen (Mischung von Jamben und Trochäen) betonen die Emotionalität des Sprechers. Dieser Effekt wird verstärkt durch Zeilensprünge und *enjambement (run-on lines)*: Die langen Sätze reißen die Leser im Erzählfluss weiter, während die Zeilenstruktur permanent zum Innehalten und Rückwärtsblicken einlädt. Dadurch entsteht eine formale Spannung, die der inhaltlichen Spannung zwischen Wut und Distanz, Bewunderung und Spott entspricht.

Sprache	Bemerkenswert ist die Verwendung von *slang,* beispielsweise aus der Seefahrt *(wander leeward,* Z. 2) oder aus *tabloid newspapers (Holy robin-redbreast-nest-egg-shocker,* Z. 12). Die Affäre des ehemaligen Vorbilds mit einer verheirateten Frau wird auf den Sensationsgehalt einer Boulevard-Story reduziert und somit ins Lächerliche gezogen. „*Holy smoke!"* ist ein typischer Ausruf der Comicfigur Robin, womit auch die Sprache der populären Massenliteratur im Gedicht Einzug hält. Beim Verständnis dieses Registers werden die Lernenden gezielte Unterstützung oder Raum zur selbstständigen Recherche benötigen.
Imagery	Die Bilder in den ersten Zeilen zeigen einen Kontrast zwischen der Trennung von Batman, wie dieser sie Robin erklärte *(let me loose to wander ... freely through the wild blue yonder,* Z. 2–3) und Robins eigener, illusionsloser Sichtweise darauf *(ditched me ... in the gutter,* Z. 4–5). Da diese Spannung im Gedicht nicht aufgelöst wird, könnten die Lernenden aufgefordert werden sich vorzustellen, was zwischen den beiden wohl genau vorgefallen ist. Später benutzt Robin stark klischierte Sprache *(scotched that ... rumour, sacked it, blown the cover ... let the cat out,* Z. 6–9), vielleicht um mit der Macht prahlen, die er neuerdings über Batman gewonnen hat. Dazu passt, dass er sich aus der dienenden Rolle verabschiedet und die Spiele des Älteren nicht mehr mitspielt *(I'm not playing ball boy any longer,* Z. 14).
Sound	Am auffälligsten sind die Zeilenendungen, einer unvariierten Folge von Paarreimen, welche allerdings auch eine Art onomatopoetische Wiedergabe der berühmten Batman Filmmusik darstellen *(Er er er er, er er er er, er er er er, er er er er, Batman!).* Dieser Effekt wird durch eine Reihe interner Reime verstärkt.
Haltung des Sprechers	Robin stellt Batman in der einleitenden, alliterativen Phrase als *superhero* dar *(big shot),* nur um ihn anschließend im Gedicht umso schonungsloser demontieren zu können. Das letzte Bild von Batman, der sich alleine eine unappetitliche Mahlzeit zubereitet, vermag beinahe Mitleid zu erwecken *(chicken giblets in the pressure cooker,* Z. 21). Der ehemalige *superhero* scheint komplett handlungsunfähig geworden zu sein *(punching the palm of [his] hand;* Z. 23). Der kleine Junge jedoch ist groß geworden *(taller, harder, stronger, older,* Z. 18) und hat den Mut gefunden, sein eigenes Leben zu leben.
Ton/Ironie	Ein großer Teil der Bedeutung des Gedichts liegt in seinem ironischen Ton, wobei die unterschiedlichen und krass gegensätzlichen Diskurse und Register als *irony triggers* wirken: Von Batman ist kaum etwas übriggeblieben, allerdings scheint auch Robin die angedeuteten Ereignisse noch nicht vollständig verdaut zu haben. Zu dieser durchgängigen ironischen Brechung tragen alle oben erwähnten *literary devices* in gewisser Weise bei, sodass der Text ein gutes „Schulungsfeld" für die Funktionsweise literarischer Ironie darstellt (vgl. Kompetenzziele, oben).

Formale und inhaltliche Analyse von literary devices *in „Kid" von* Simon Armitage *(nach* Osterwalder *2013, in Vorbereitung; und BBC 2012)*

Post-reading activities

Auch in dieser Arbeitsphase bieten sich die unterschiedlichsten Möglichkeiten an, wobei hier nur einige kurz umrissen und nach Kompetenzbereichen geordnet dargestellt werden:

Monologisches Sprechen*	Die Lernenden bereiten eine Lesung des Gedichts vor und versuchen dabei, die Dramatik des Textes zum Klingen zu bringen.
Dialogisches Sprechen**	Die Lernenden bereiten auf der Basis der Gedichtanalyse eine literarische Diskussion vor, wobei verschiedene Zugänge zum Gedicht kontrastiert werden (Rollenspiel). Die Lernenden stellen sich eine Begegnung von „Batman" und „Robin" vor und tragen diese vor (mit schriftlicher Vorbereitung).
Schreiben 1**	Die Lernenden fassen ihre Erkenntnisse aus der Gedichtanalyse in einem *literary essay* zusammen.
Schreiben 2***	Die Lernenden verfassen ein ähnliches Gedicht zum Thema *growing up* und versuchen darin, einige Elemente aus „Kid" zu verwenden.
Literarisches Lesen und Interpretieren***	Die Lernenden lesen ein weiteres Gedicht zum Thema *growing up* und nehmen dabei eine eigene Analyse vor.

Mögliche post-reading activities zu „Kid" (Sterne = Schwierigkeitsgrad)

Bei all diesen Aufträgen werden die jungen Menschen wiederum Beratung, Unterstützung und individuelle Rückmeldungen von der Lehrperson benötigen, um Erfolg zu haben. Gelingt dieser Lerndialog von Experten und Novizen, so werden die Jugendlichen eine Reihe hochkomplexer und wertvoller Kompetenzen auf unterschiedlichsten Ebenen (Sprache, Gefühlswelt, Lebenserfahrung usw.) erwerben.

Ein zentraler Wesenszug des kompetenzorientierten Unterrichts ist, dass systematisch nach Möglichkeiten zur Dokumentation und Überprüfung dieser Kompetenzen gesucht wird. Da es sich beim literarischen Lesen und Interpretieren um hochkomplexe und multidimensionale Fähigkeiten handelt, werden sich diese nicht (allein) mit einem Test oder sogar einer Klassenarbeit überprüfen lassen. Das heißt aber nicht, dass man sie nicht systematisch fördern und auch dokumentieren könnte – davon handelt das nächste Kapitel.

Leistungsbewertung

7.1 Ein spannendes Entwicklungsfeld

Kompetenzorientierter Fremdsprachenunterricht stellt die jungen Menschen als Individuen und Subjekte ihres eigenen Lernens ins Zentrum. Dazu gehören komplexe Lernaufgaben, die unterschiedliche Durchgänge erlauben und auf den Erwerb von breit gefächerten Handlungskompetenzen ausgerichtet sind. Ein zentrales Element dieser Lernkultur ist die Leistungsbewertung: Ihre Funktion liegt darin festzustellen, welche Kompetenzen eine Schülerin oder ein Schüler in einer Arbeitsphase erworben hat und welche Anstrengungen noch nötig sind, um die Lücke zwischen aktuellem und angezieltem Kompetenzstand zu verkleinern. Dabei soll nicht bloß die Wiedergabe formal-sprachlicher Wissenselemente verlangt werden, sondern die Ergebnisse problemlösender, selbstbestimmter und kooperativer Lernprozesse sollen erfass- und bewertbar gemacht werden. Dazu gehört auch, dass psychodynamische Komponenten der Leistung wie Motiviertheit, Zielstrebigkeit oder Beharrlichkeit erfasst und gefördert werden (SACHER 2003, 17).

Kompetenzorientierte Beurteilungsformen müssen also Prozesse des Denkens und Handelns einbeziehen, die über das Testen isolierter Fähigkeiten hinausgehen und auch psychosoziale Ressourcen und komplexe, integrierende Lernhandlungen einbeziehen. Entsprechend breit und vielfältig sollten Situationen angelegt sein, in denen solche Fähigkeiten ermittelt und beurteilt werden.

Leistungsbewertung breit anlegen

Generell lässt sich sagen, dass die Leistungsbewertung im Fach Englisch auf der Sekundarstufe noch sehr traditionell ausgerichtet ist: Die häufigsten Beurteilungsformen sind mündliche Lernerfolgskontrollen („Abfragen von Stoff") und Klassenarbeiten (HELMKE et al. 2008, 373). Lehrpersonen bedienen sich fast ausschließlich kleiner, klausurartiger Verfahren, welche erfassen sollen, ob die Lernenden sich zuvor instruiertes Wissen angeeignet haben und es in der Prüfungssituation korrekt wiedergeben können. Diese Klassenarbeiten zeichnen sich typischerweise aus

- durch eine Überbewertung von Sprachrichtigkeit gegenüber anderen Aspekten erfolgreicher Kommunikation;
- durch die besondere Gewichtung der Grammatik der Schriftsprache sowie
- durch hauptsächliche Berücksichtigung von grammatischen und orthografischen Fehlern, die sich leicht begründen lassen, für die Notengebung.

Die meisten Klassenarbeiten orientieren sich stark an der Realisierung kognitiver Lernziele und geben keine hinreichenden Auskünfte über den Entwicklungsstand der Handlungskompetenzen von Jugendlichen, die auch personale und soziale Aspekte des Lernens sowie Lernstrategien beinhalten.

Die Prüfungskultur darf die Lernkultur nicht demontieren

Die Leistungsbewertung stellt ein zentrales und lohnenswertes Entwicklungsfeld für Lehrkräfte dar. Wenn die Komplexität, der Herausforderungsgehalt sowie die Zumutung an Eigeninitiative und Selbstständigkeit, die sich mit kompetenzorientieren Lernarrangements verbinden, in den ihnen folgenden Test- oder Prüfungsaufgaben nicht vorkommen, wird produktive Lehrarbeit „von hinten" wieder demontiert (GIRMES 2003, 10). Dabei müssen wir uns auch im Klaren sein, dass die Beurteilungskultur besonders auf die Lernenden selber eine starke Rückwirkung ausübt und wesentlich mitbestimmt, wie sie den Unterricht sehen: „[I]f we wish to discover the truth about an educational system, we must look into its assessment procedures." (ROWNTREE 1977, 1)

Eine wesentliche Aufgabe der Leistungsbewertung besteht also darin, ein breites Band an sprachlichen und metasprachlichen Kompetenzen zu erfassen, daneben das eigenständige Denken der Schülerinnen und Schüler herauszufordern und ihr Vertrauen in ihre eigenen Fähigkeiten zu stärken. Dazu soll die Bewertung fair und transparent sein, sie soll dem *Lernen nützen* und nicht nur Informationen *über* die Schülerinnen und Schüler liefern, sondern auch *für* sie (STIGGINS 2008, 1). Insgesamt ist sie als Instrument zur Entwicklung einer vielfältigen Rückmelde- und Beratungskultur im Unterricht zu sehen. Zentrales Ziel dabei ist, dass „alle Formen der Evaluation und der Rückmeldung zu Arbeits- und Leistungsfortschritten sowie zur Qualität der erbrachten Leistungen ein selbstverständlicher Teil allen Arbeitens und Lernens im Englischunterricht" werden (HALLET 2011, 179).

Damit dieser Anspruch tatsächlich erfüllt werden kann, müssen die Jugendlichen

- anspruchsvolle, aber erreichbare Kompetenzziele erhalten und ihr Lernen daran ausrichten;
- an konkreten Beispielen sehen, was eine gute Leistung (ein exzellentes Produkt) in einem Bereich genau ausmacht und wie sie dieses selber herstellen können;
- viel Zeit mit aktivem, produktivem und konstruktivem Lernen verbringen und weniger damit, Wissen einfach passiv aufzunehmen;
- echte, lebensweltliche und komplexe Aufgaben bearbeiten, wobei sie „echte" Probleme angehen und ihre Lösungen begründen;

- vielfältige Interaktion mit der Lehrkraft erleben und dabei zeitnahe, lernförderliche und unterstützende Rückmeldungen und Erklärungen erhalten;
- kollaborativ und kooperativ mit anderen Lernenden zusammenarbeiten, dabei neues Wissen im Dialog erwerben und ihre Konzepte laufend revidieren und verbessern;
- Evaluationsaufgaben bearbeiten, die auf die fachlichen Kernziele einer Unterrichtseinheit bezogen sind, gleichzeitig aber vielfältige, persönlich geprägte Lösungen zulassen und auch unterschiedliche Lernstile berücksichtigen;
- ihr eigenes Lernen reflektieren, darin Sinn erkennen und aktiv nach Kohärenz suchen (nach SUSKIE 2009, 135; zum Lernen im Dialog vgl. RUF et al. 2008).

Bei der Umsetzung dieser Ziele müssen wir uns bewusst sein, dass Kompetenzen nie direkt sichtbar sind, sondern zuerst mittels bestimmter Aufgabenstellungen sichtbar gemacht und nachher anhand geeigneter Kriterien bewertet werden müssen. Lehrpersonen müssen deshalb sorgfältig planen, anhand welcher Evidenz sie auf die Kompetenzen der Lernenden schließen wollen. Nur wenn diese Datenbasis ausreichend breit und detailliert ist, sind valide Rückschlüsse auf die Kompetenzentwicklung möglich, und nur dann können auch lernrelevante Rückmeldungen daran geknüpft werden (WINTER 2009, 21).

Lernsituation	Prüfungssituation
Kompetenzaufbau	Leistungserbringung
aus Fehlern lernen	Fehler vermeiden
Kriterien erarbeiten	Kriterien anwenden
assessment for learning	*assessment of learning*
Beurteilung an Individualnorm („Es ist dir in den letzten Wochen immer besser gelungen ...")	Beurteilung an Kriterialnorm („Du hast folgende Lernziele erreicht ...")
Kommentare mit formativem Charakter	Kommentare mit summativem (einstufendem) Charakter
Beurteilungsraster als Orientierungshilfe	Beurteilungsraster als Instrument zur Kompetenzeinschätzung

Lern- und Prüfungssituationen (nach STIGGINS 2004, vgl. auch BOHL/KUCHARZ 2010)

Lernen sollte nicht abgehoben vom Überprüfen von Leistung erfolgen, vielmehr sollten die beiden Dinge einen klaren Bezug zueinander haben. Gleichzeitig ist aber eine gewisse Trennung von Lern- und Beurteilungssituationen nötig: Es muss im Unterricht Phasen geben, in denen die Schülerinnen und Schüler bewertungsfrei arbeiten und sich ungestört mit einer Sache auseinandersetzen können. Es wird hier also für eine Lernkultur plädiert, die auf einer klaren Unterscheidung von Lern- und Prüfungssituationen aufbaut und gleichzeitig immer wieder die Bezüge zwischen den beiden sichtbar macht und produktiv werden lässt.

Um geeignete Formen der Leistungsbewertung in ihrem Unterricht planen und durchführen zu können, müssen Lehrkräfte sich darüber im Klaren sein, welche Ziele sie verfolgen und welche Kompetenzen die Lernenden dabei überhaupt erwerben sollen (vgl. Kap. 3). Danach können sie festlegen, mit welchen Verfahren diese ermittelt und beurteilt werden sollen. Zentraler Gedanke ist dabei in jedem Fall, dass die Schülerinnen und Schüler nicht an einem sozialen Maßstab gemessen werden, also nicht daran, ob ihre Arbeiten besser sind als die der Klassenkameraden. Vielmehr sollte ein kriterialer Maßstab angewendet und dabei festgestellt werden, ob gewisse Kompetenzniveaus erreicht wurden oder nicht. Die so beurteilten Leistungen lassen sich zum Teil in Beziehung zu Bildungsstandards setzen, zum Teil gehören sie auch zur individuellen Lernerpersönlichkeit und lassen sich nicht standardisieren. Beides ist wichtig, und beides soll seinen Raum erhalten.

7.2 Evaluationsaufgaben

„Engere" und „offenere" Aufgabentypen

Bei Evaluationsaufgaben gibt es eine Reihe von Entscheidungen zu treffen, welche die Qualität der Beurteilung mitbestimmen. Als Erstes gilt es, die Aufgaben den verschiedenen Lernzielbereichen zuzuordnen, d. h. festzulegen, welche Kompetenzbereiche eine Evaluationsaufgabe abdecken soll. Entsprechende Aufgaben können sehr eng gefasst und auf ganz bestimmte Teilfähigkeiten bezogen sein (ein Wortschatzgebiet, ein Grammatikthema usw.); sie können aber auch weiter gefasst werden und komplexere sprachliche Fähigkeiten erfassen.

Die Überprüfung von sprachlichen Teilfähigkeiten durch Lückentexte oder relativ eng gefasste *multiple-choice*-Aufgaben hat den Vorteil, dass sich die Schülerinnen und Schüler gezielt auf eine Prüfung vorbereiten können. Die Beurteilung („Korrektur") ist ökonomisch und zeitsparend, da meist bloß zwischen richtigen und falschen Lösungen unterschieden werden muss. Allerdings sollte die Beurteilung sprachlicher Handlungskompetenzen nicht ausschließlich über solch „enge" Evaluationsaufgaben erfolgen, weil dabei rasch das übergeordnete Ziel des Fremdsprachenunterrichts aus den Augen verloren wird, nämlich die Lernenden zu befähigen, in echten Situationen unter Orchestrierung verschiedenster Ressourcen kommunikativ erfolgreich zu handeln.

Die Unterscheidung zwischen „engeren" und „offeneren" Evaluationsaufgaben betrifft auch den Reaktionsspielraum der Lernenden. Es kann sich dabei entweder um vollkommen vorbestimmte Äußerungen handeln, wobei weder bei der sprachlichen Form noch beim Inhalt ein nennenswerter individueller Spielraum besteht. Typische Beispiele wären *pattern exercises*, bei denen vorgegebene Sätze nach bestimmten Spielregeln grammatisch verändert werden müssen, oder *construction exercises*, bei denen die Lernenden vorgegebene Sprachteile zu sinnvollen Äußerungen kombinieren sollen (MACHT 1998, 368). Bei Aufgaben mit einem größeren Antwortspielraum werden eigenständige Formulierungen und auch inhaltliche Aussagen erwartet, die sich nicht unbedingt als „richtig/falsch", sondern als „mehr/weniger angemessen" beurteilen lassen.

Aufgrund der genauen Bestimmbarkeit der erfassten Teilkompetenzen und der Ökonomie, mit der sie ausgewertet werden können, kommen Aufgaben mit geringem Antwortspielraum bei standardisierten Testverfahren besonders häufig vor. Dabei werden statistische Modelle aus der Testtheorie herangezogen, mit denen Aufgaben bestimmten Kompetenzniveaus zugeordnet und die Lernenden anschließend auf eindimensionalen Fähigkeitskontinua verortet werden können. Ein Vorteil gegenüber hergebrachten Klassenarbeiten ist dabei, dass solche Tests klassische Gütekriterien wie Objektivität, Reliabilität und Validität erfüllen. Wenn sie auf weithin gültige Bildungsstandards bezogen und auf große Schülerpopulationen angewendet werden, lassen sich auch Vergleiche von Schülerleistungen über ganze Länder oder Bildungssysteme hinweg anstellen (z. B. PISA-Studie).

Solche Vorteile im Bereich der Beurteilungsökonomie und der Vergleichbarkeit werden allerdings mit Nachteilen im Bereich der „Beurteilungsbreite" und der „Unterrichtsnähe" erkauft. Das folgende Beispiel stammt aus den Beispielaufgaben zu den Bildungsstandards zum „mittleren Schulabschluss" (KMK 2004, 31). Dabei wird die Kompetenz überprüft, „in klar geschriebenen argumentativen Texten zu vertrauten Themen die wesentlichen Schlussfolgerungen zu erkennen". Von den Lernenden wird verlangt, einen Text zu lesen und bei einer Reihe von *multiple-choice*-Fragen die richtige Antwort anzukreuzen.

Winter Driving

Winter is dangerous because it's so difficult to know what is going to happen and accidents take place so easily. Fog can be waiting to meet you over the top of a hill. Ice might be hiding beneath the melting snow, waiting to send you off the road. The car coming towards you may suddenly slide across the road. [...]
What is the writer trying to do in this text?
A complain about bad winter driving
B give information about winter weather
C warn people against driving in winter
D advise people about safe driving in winter [korrekte Lösung] (KMK 2004, 31 f.)

Die Aufgabe setzt zwar ein genaues Verständnis des obigen Textes voraus. Sie basiert aber auf einem relativ „engen" Konzept von Lesekompetenz, welches im Wesentlichen korrektes Auffassen, aber kein erschließendes Lesen oder persönliche Stellungnahmen beinhaltet. Dies ist typisch für viele Aufgabenbeispiele der KMK, die fast ausschließlich alltagspragmatischer Natur sind (HALLET 2011, 46). Die dazu angebotenen Texte und Materialien sind meist auf basale kommunikative Zwecke bezogen, im obigen Beispiel auf die reine Informationsentnahme. Dahinter steht (in diesem Fall) ein fragwürdiges Konzept von Lesekompetenz, nämlich dass „der gute Leser sich möglichst viele Einzelheiten einprägt" (BREDELLA 2007, 66).

Besonders bei komplexen, integrierenden Fähigkeiten sollten also auch offenere Evaluationsaufgaben mit größerem Antwortspielraum eingesetzt werden. Wenn wir es ernst meinen mit Lernzielen wie interkultureller Handlungsfähigkeit oder dem „Aufbau einer umfassenden Methodenkompetenz" (KMK 2004, 7), so brauchen wir auch Beurteilungsformen und Aufgabentypen, welche diese gezielt fördern und beurteilbar machen. Bei übermäßiger Anwendung standardisierter Testaufgaben ergibt sich die Gefahr einer Engführung der Leistungsbewertung und damit letztlich auch eine Behinderung und Entmutigung innovativer didaktischer Ansätze (BOHNSACK 2003, 176). Auch kann die „Macht" der Testung Lehrkräfte dazu verführen, verstärkt Testaufgaben einzuüben und so geforderte Kompetenzen „direkt" anzusteuern. Und das übermäßige Auslagern der Leistungsbewertung auf standardisierte Formate kann eine Deprofessionalisierung der Lehrkräfte zur Folge haben (KELLER/WINTER 2009, 287).

Engführung der Leistungsbewertung vermeiden

Damit diese Befürchtungen nicht eintreten, sollten Lehrkräfte lernen, selber gute Evaluationsaufgaben zu entwickeln und diese den Zielen ihres Unterrichts anzupassen. Ebenso sollen sie eine breite Anzahl verschiedener Aufgabenformate und Methoden zur Leistungsüberprüfung kennen und diese kombinieren können. Zentral dabei ist nicht eine Aufgabenmischung, die alle Lernzielbereiche gleichgewichtig erfasst, sondern vielmehr eine dem Zielprofil des jeweiligen Unterrichts angepasste *Hierarchie* der Evaluationsaufgaben und Beurteilungsformen (MACHT 1998, 368). Es geht also nicht darum, verschiedene Typen von Evaluationsaufgaben gegeneinander auszuspielen, sondern die Lernziele des Unterrichts zu priorisieren und bei deren Beurteilung die Vorteile verschiedener Evaluationsformate komplementär zu nutzen.

Vorteile verschiedener Evaluationsformate komplementär nutzen

Eigene Praxis der Leistungsbewertung
Welche Aufgabentypen setzen Sie am häufigsten in der Leistungsbewertung ein? Handelt es sich dabei primär um „offene" oder um „geschlossene" Typen? Welche Kompetenzziele verfolgen Sie damit?

Beispiele von Evaluationsaufgaben
Im Folgenden sind Evaluationsaufgaben dargestellt, die auf die Überprüfung relativ komplexer und integrativer Kompetenzbereiche wie *listening* oder *reading* ausgelegt sind. Davon ausgehend werden auch Aufgaben für sprachliche Teilfähigkeiten entwickelt. Wie schon in vorherigen Kapiteln orientieren sich die Beispiele an der Unterrichtseinheit *Where does my money go?* (10. Schuljahr, Realschule).

Evaluationsbereich listening
Bezug zu Lernprozessen und Kompetenzzielen: Die Schülerinnen und Schüler haben ein *YouTube*-Video über Kreditkartenschulden bei Teenagern auf sprachlicher wie auf inhaltlicher Ebene analysiert (vgl. S. 82). Im Rahmen des *focus on form* wurde besonders auf *money vocabulary* und auf *verb & preposition structures* fokussiert, welche nun auch überprüft werden sollen. Auf allgemeiner Ebene geht es darum, ob die Jugendlichen Sachinformationen über gewöhnliche alltags- oder berufsbezogene Themen verstehen und dabei die Hauptaussagen und Einzelinformationen erkennen.

Evaluationsaufgaben: Die Lernenden schauen sich einen ähnlichen Clip wie den im Unterricht verwendeten an. Sie beantworten dazu sowohl geschlossene Detailfragen (mit einer eindeutig richtigen Antwort) als auch offene

Fragen, die eine persönliche Stellungnahme erfordern. Es kommen also Aufgaben mit einem beschränkten Antwortspielraum vor, wie auch solche, bei denen die Lernenden selber persönlich Stellung nehmen sollen und auch individuelle Antworten möglich sind. Bei Klassen mit unteren Leistungsniveaus (deutsche Hauptschule, Schweizer Realschule usw.) kann auch derselbe Clip wie zuvor im Unterricht verwendet werden, da dieser mit authentischer Sprache operiert und entsprechend anspruchsvoll ist.

Die „geschlossenen" Fragen können mit richtig und falsch beurteilt werden, wobei die Lehrkraft pro richtige Antwort eine bestimmte Anzahl Punkte vergeben und so die Aufgaben gewichten kann. Diese Gewichtung sollte den Jugendlichen gegenüber deutlich gemacht werden, damit diese ihre Anstrengungen entsprechend fokussieren können. Bei diesen Fragetypen ist auch die Fokussierung auf ganz bestimmte Grammatik- oder Vokabulargebiete möglich:

Frage 1: Why did her father give Laura a credit card?
Antwort: *for an **emergency**/It was to be used **on an emergency basis**.* (Ein bestimmtes *vocabulary item* wird geprüft.)

Frage 2: What is Laura saying about how she used her money? Complete her sentence: I _____ a hundred and fifty to two hundred dollars a month.
Antwort: *was probably paying/was spending* (Verb + Verwendung des *past progressive)*

Durch entsprechende Aufgabenstellung können also ganz bestimmte Teilfähigkeiten überprüft werden. Allerdings wäre die ausschließliche Beurteilung von *listening* durch diesen Aufgabentypus als zu reduktiv abzulehnen.

Bei „offenen" Fragen können im Vorfeld erwartete Aspekte von Antworten klassifiziert und mit Punkten versehen werden. So wird ein klarer Erwartungshorizont geschaffen, trotzdem bleibt Raum für individuelle Schüleräußerungen. Für sprachlich besonders gute Antworten können Zusatzpunkte vergeben werden (z. B. für die Verwendung von spezifischem Fachvokabular oder Präpositionalverben, also von Sprachmitteln, die im Unterricht explizit diskutiert wurden).

Frage 3: Name two reasons Lauren mentions why she "abused" her credit card (2 points for content and 2 points for stating the reasons clearly and correctly; total 4 points).

Erwartete Antwort (für volle Punktzahl):

1. *It did not occur to her that it was "real" money that she was spending.*
2. *She had a job and she thought she could pay it back when she came around to it.*

Als Erweiterung bieten sich Evaluationsaufgaben an, die persönliche Stellungnahmen verlangen und auch den Bereich der Schreib- und Ausdruckskompetenzen betreffen (integrativer Zugang zum Kompetenzkonzept):

Frage 4: What could we do to protect teenagers from credit-card debt? Make three suggestions.

Der Bezug zu anderen Kompetenzbereichen *(writing)* ist gewollt und erinnert daran, dass auf der Sekundarstufe die Überprüfung breiter und integrierter Handlungsfähigkeit in der Fremdsprache wichtiger ist als die Testung isolierter Teilfähigkeiten.

Evaluationsbereich *reading*

Bezug zu Lernprozessen und Kompetenzzielen: Die Schülerinnen und Schüler haben einen Text über eine Familie in Malawi gelesen, die mit einem Dollar am Tag lebt (vgl. S. 86). Sie sollen zeigen, in welchem Umfang sie in der Lage sind, weitgehend selbstständig verschiedene Texte aus diesem Themenfeld zu lesen und zu verstehen. Die folgenden Evaluationsaufgaben beziehen sich wiederum auf den Text, der den Lernenden bereits bekannt ist; durch die Verwendung eines neuen, thematisch verwandten Texts würde das Schwierigkeitsniveau gesteigert.

Evaluationsaufgaben:

Frage 1 (eher geschlossen): On the day described in the text, how much money did the Phiri family earn, and how did they spend? **Antwort:** *They earned 94 cents. They spent a total of £1.25.*

Frage 2 (eher offen): Why is it so difficult for families such as the Phiris to escape from poverty?

Mögliche Antworten: *They are farmers but the soil is overworked/eroded; they need medicine and fertilizer which is expensive* (Je nach erwarteter Antwortkomplexität können hier wiederum Punkte für die sprachliche Gestaltung vergeben werden.)

Die meisten hier dargestellten Evaluationsaufgaben in den Bereichen *listening* und *reading* verlangen in unterschiedlichem Umfang den Einsatz von Schreibkompetenzen. Eine Möglichkeit, das Schreiben auf ein Minimum zu reduzieren, ist ein sogenannter *cloze test*, wobei in einem Text bestimmte Wörter ausgelassen werden und von den Lernenden ergänzt werden müssen. Bei einem *C-Test* werden die Antwortmöglichkeiten noch weiter eingeschränkt, indem noch der erste Buchstabe des gesuchten Wortes genannt wird:

Cloze test:

Malawi is one _____ *(of)* the poorest countries in the world, with more than half of its population _____ *(living)* on less than $1 a day. (erwartete Lösungen)

C-Test:

The International Monetary Fund and the World Bank have **a**_____ *(announced)* that 90 percent of the country's debt **w**_____ *(will)* be forgiven. (erwartete Lösungen)

Durch gezielte Weglassungen lassen sich verschiedene Grammatik- und Vokabularthemen spezifisch überprüfen. Es kann aber auch nur jedes n-te Wort weggelassen werden, wobei die Schwierigkeit mit der Kadenz der Lücken ansteigt.

Während solche Evaluationsaufgaben die Überprüfung bestimmter Teilfertigkeiten ermöglichen, erfassen sie nur ungenügend die Fähigkeiten der Lernenden, verschiedene Aspekte sprachlicher Handlungskompetenz zu integrieren und in konkreten Situationen erfolgreich zu kommunizieren. Es wird hier daher mit Nachdruck dafür plädiert, bei der Leistungsbeurteilung über den Einsatz einzelner enger Aufgaben hinauszugehen und auch Aufgabentypen einzubeziehen, die individuelle Zugänge der Lernenden herausfordern und die Integration unterschiedlichster Teilfähigkeiten nötig machen. Dazu werden auch andere, erweiterte Beurteilungsformen notwendig.

7.3 Beurteilungsraster

Beurteilungsraster eignen sich besonders für die Bewertung, wenn komplexe Schülertexte oder Lernprodukte beurteilt werden sollen, die über einen längeren Zeitraum entstanden sind und mehrere Kompetenzdimensionen beinhalten. In solchen Rastern wird die komplexe Anforderungsstruktur einer Lern- oder Evaluationsaufgabe in einzeln zu beachtende Kriterien zerlegt und diese werden in verschiedene Leistungsstufen eingeteilt, welche wiederum mit Punkten versehen werden können. Beurteilungsraster geben also auf einer vertikalen Dimension an, was die Schülerinnen und Schüler können, und auf einer horizontalen Dimension, *wie gut* sie etwas können (Keller 2011, 143 ff.). Auf diese Weise werden komplexe Texte oder Handlungsproben (Diskussionen, Debatten, Vorträge etc.) differenziert erfassbar. Gute Beurteilungsraster enthalten konkrete, verständliche und differenzierte Kriterien, ohne aber die Komplexität der angezielten Leistung über Gebühr zu vereinfachen. Anstatt Leistungen vorschnell als richtig oder falsch zu klassifizieren, liefern gute Beurteilungsraster Anhaltspunkte und Kriterien, um aufgrund der gezeigten Performanz auf die dahinterliegende Kompetenz der Schülerinnen und Schüler zu schließen und ihnen konkrete Entwicklungswege aufzuzeigen.

Wenn Beurteilungsraster bereits im Lernprozess mit den Jugendlichen diskutiert und die damit gefällten Beurteilungen am Ende mit ihnen besprochen werden, können sie zu einer erhöhten Transparenz von Leistungsbewertungen beitragen und die Kommunikation darüber zwischen verschiedenen Beteiligten erleichtern (Goodrich Andrade 2000, 13). Gleichzeitig werden sie zu einem Instrument, das dazu beiträgt, die Leistungsbewertung stärker diagnostisch und lernfördernd auszurichten (Merziger/Schnack 2005, 22). Sie leisten einen Beitrag dazu, dass die Leistungsbewertung weniger „im Verborgenen" stattfindet, wobei die Jugendlichen bereits während der Bearbeitung eines Themas abschätzen können, an welchen Kriterien sie beurteilt werden und wie sie ihre Lernbemühungen ausrichten sollen.

Kriterien früh offenlegen

Beurteilungsraster sind auch ein Mittel für die Lehrpersonen, zentrale Kompetenzziele einer Unterrichtseinheit oder eines Projekts zu kommunizieren, und zwar in Form des Verhaltens, das sie von ihren Schülerinnen und Schülern im Unterricht erwarten. Werden sie mit Lerngesprächen oder Rückmeldungen verbunden, können mögliche Defizite bereits früh angesprochen und behoben werden (Schrempf 2002, 43). Die jungen Menschen sehen dann deutlicher, wie sie ihre Leistungen durch eigene Anstrengungen aktiv beeinflussen können und dass deren Beurteilung nicht einfach vom Zufall abhängt.

Folgende Qualitätskriterien sollten erfüllt sein, damit Beurteilungsraster diese wichtigen Funktionen im Lern- und Beurteilungsprozess tatsächlich übernehmen können.

Gute Beurteilungsraster sollten

- einen Expertenkonsens abbilden, was den „Schlüssel" zu einer guten Leistung in einem bestimmten Lerngebiet ausmacht;
- konkret auf die Kompetenzziele einer Lerneinheit bezogen sein und darüber hinaus auch auf weiterführende oder übergeordnete Bildungsziele wie z. B. Bildungsstandards verweisen;
- genügend Kriterien in unterschiedlichen Kategorien enthalten, die genau beschreiben, was für eine „sehr gute", „gute", „genügende", bzw. „ungenügende" Leistung zu erbringen ist;
- in einer klaren und prägnanten Sprache verfasst sein, um Fehlinterpretationen und Missverständnissen vorzubeugen;
- eher positive Formulierungen als negative Ausdrücke enthalten und beschreiben, was eine Person in einem bestimmten Gebiet tatsächlich *kann*;
- den Lernenden bereits während der Lernphase, auf jeden Fall vor Bekanntgabe der Beurteilung zur Verfügung stehen;
- als Grundlage für Lern- und Beurteilungsgespräche verwendet werden (angepasst aus STIGGINS 2008, 173).

Diese Punkte zeigen die pädagogischen Funktionen guter Beurteilungsraster, welche gleichzeitig auch Schlüsselvariablen guten Unterrichts darstellen: Den Lernenden werden klare Leistungserwartungen kommuniziert, und ihre Leistungen werden nach objektiven Kriterien beurteilt, nicht nach der Rangfolge innerhalb der Klasse (BROPHY 2000, 29). GERade die Verwendung einer Kriterial- anstelle einer Sozialnorm stellt eine markante Verbesserung z. B. gegenüber traditionellen „Aufsatzbewertungen" dar. Das folgende Beispiel eines Beurteilungsrasters bezieht sich auf den Kompetenzbereich *speaking* und spezifisch auf die Aufgabenserie *Discussing the pros and cons of credit cards* (vgl. S. 84).

Kriterialnorm statt Sozialnorm

Evaluationsbereich *speaking*

Bezug zu den vorherigen Lernprozessen und zu Bildungsstandards: Die Lernenden haben sich mit dem Thema *money* auseinandergesetzt und das Diskutieren dazu anhand spezifischer Entscheidungsfragen geübt. Sie sollen nun zeigen, ob sie an Gesprächen über vertraute Themen teilnehmen, persönliche Meinungen ausdrücken und Informationen austauschen können. Auch sollen sie kurz zu den Standpunkten anderer Stellung nehmen und höflich Überzeugungen und Meinungen, Zustimmung und Ablehnung formulieren können.

Evaluationsaufgabe und Beurteilung: Die Lernenden nehmen an einer strukturierten Diskussion teil, wobei sie ein kontroverses Thema erhalten und dieses erörtern. Durch die Dauer der Vorbereitung auf diese Aufgabe und den Grad an Unterstützung, die sie dabei erhalten, kann der Schwierigkeitsgrad der Aufgabe gesteuert werden. Die Lehrkraft beobachtet die Lernenden während der Diskussion und beurteilt deren Leistungen anhand des folgenden Rasters. Ziel dieses Rasters ist es, jene komplexen Kompetenzen hinreichend genau zu erfassen, die zur erfolgreichen Teilnahme an einer strukturierten Diskussion in der Fremdsprache benötigt werden. Mittels differenzierter Kategorien werden zentrale Kompetenzziele erfasst, gleichzeitig auch der Einbezug von persönlich geprägten, individuellen Lernerbeiträgen in die Leistungsbewertung ermöglicht. GERade auf der Sekundarstufe, wo junge Menschen zum Teil über längere Zeiträume selbstständig an komplexen, authentischen Fragestellungen arbeiten, sind die Lernerträge „multidimensional" und lassen sich nicht einfach in den Kategorien „richtig" und „falsch" beurteilen:

In such learnings, student development is multidimensional rather than sequential, and prerequisite learnings cannot be conceptualized as neatly packaged units of skills or knowledge. Growth takes place on many interrelated fronts at once and is continuous rather than lock-step. The outcomes are not easily characterized as correct or incorrect [...]. (SADLER 1989, 123)

Beim vorliegenden Beispiel werden Teilfähigkeiten beschrieben, die sich in ihrer Gesamtheit zu einer komplexen Handlungskompetenz zusammenfügen. Die hohe Kunst für die Lernenden besteht darin, diese Teilfähigkeiten in einem wirkungsvollen Ensemble zu aktivieren. Gleichzeitig ist es möglich, schlechtere Leistungen in einem Gebiet durch besondere Könnerschaft in einem anderen zu kompensieren: Ein Mangel an grammatischen Fähigkeiten kann beispielsweise durch das Vorbringen guter Argumente (teilweise) kompensiert werden – und umgekehrt. Da Lernende unterschiedliche Stärken- und Schwächenprofile aufweisen, können unterschiedliche Leistungen mit derselben Note beurteilt werden: „Quite different student responses could, in principle and without compromise, be judged to be of equivalent quality." (SADLER 1989, 126) Der Grund liegt darin, dass Schülerleistungen aus verschiedenen Gründen und auf unterschiedlichen Ebenen gut sein können.

		Level 1 3–0 pts.	Level 2 7–4 pts.	Level 3 11–8 pts.
Argumentation (max. 22 pts.)	Relevance and strength of arguments	Few of the student's arguments are convincing. Arguments are often irrelevant or contain factual errors.	Many of the student's supporting arguments are relevant, strong and convincing.	The student's arguments are relevant, strong and convincing.
	Use of facts and examples	Arguments often lack factual support or are not backed up with examples.	Arguments are supported with mostly convincing facts and examples; factual support sometimes missing.	Arguments are supported with convincing facts and examples.
Co-operation (max. 11 pts.)	Co-operation in debate	Student rarely links her/his own arguments well with what others say and/or often finds it hard to respond appropriately.	Student links her/his own arguments quite well with what others say and can often respond appropriately.	Student links her/his own arguments well with what others say and can respond appropriately.
Pronunciation, vocabulary and grammar (max. 33 pts.)	Speaking voice and pronunciation	Student's voice can not always be heard clearly, pronunciation often makes understanding difficult.	Student's voice can usually be heard clearly, pronunciation does not normally impede understanding.	Student's voice can be heard clearly, pronunciation does not impede understanding.
	Use of vocabulary	Vocabulary often inadequate to topic at hand or insufficiently differentiated to make student's viewpoints clear.	Vocabulary to discuss topic at hand is quite appropriate and differentiated.	Appropriate and differentiated range of vocabulary to discuss topic at hand.
	Use of grammar	Student rarely makes good use of grammatical items (tenses, verbs, conditional constructions etc.). Grammar often fails to make her/his arguments clear and there are many mistakes.	Student mostly makes good use of grammatical items (tenses, verbs, conditional constructions etc.) to make her/his arguments clear and convincing, though there are some mistakes.	Student makes good use of grammatical items (tenses, verbs, conditional constructions etc.) to make her/his arguments clear and convincing.
Individual achievement (pts. variable)				

Beurteilungsraster für den Kompetenzbereich speaking, speziell die Teilnahme an formalisierten Diskussionen (10. Schuljahr und darüber hinaus)

Webcode: KE039159-002

Beurteilungsraster
1. Schauen Sie das Beurteilungsraster auf S. 128 genau an und setzen Sie es in Bezug zur oben geschilderten Evaluationsaufgabe. Entscheiden Sie, welche Beurteilungskriterien für Sie besonders wichtig sind und wie Sie diese gewichten würden.
2. Passen Sie das Beurteilungsraster auf eine ähnliche Aufgabe an, die Sie mit einer eigenen Klasse bearbeiten wollen.
3. Erstellen Sie ein eigenes Beurteilungsraster für einen beliebigen Kompetenzbereich, und beziehen Sie sich auf die oben genannten Qualitätskriterien guter Beurteilungsraster (S. 126).

Beurteilungsraster nehmen auf die Vielschichtigkeit von integrativen Sprachleistungen Rücksicht und erlauben differenzierte Beurteilungen in den verschiedenen Teilbereichen. Gleichzeitig müssen sie an den jeweiligen „Gebrauchskontext" einer Klasse angepasst werden; im vorliegenden Fall ist z. B. denkbar, dass die Argumente von Karten abgelesen werden, ohne dass dies zu einer tieferen Bewertung führt. Dazu müssten die Beurteilungskriterien entsprechend angepasst werden (z. B. *can use the arguments on the cards effectively; can use their mother tongue effectively if necessary* usw.).

Wie an den Punktzahlen zu den einzelnen Teilfertigkeiten zu sehen ist, sind diese unterschiedlich gewichtet. Die ersten zwei Kategorien könnte man als „Inhaltsteil" der Leistung bezeichnen. Diese machen etwa ein Drittel der maximal erreichbaren Punktzahl aus (33 % von maximal 66 Punkten). Mit dieser relativ hohen Gewichtung wird betont, dass auch in der Fremdsprache die Inhalte einer Diskussion wichtig sind, dass es sich dabei also nicht um eine reine Sprachübung handelt. Wenn jemand viel über ein Thema weiß oder sich vertieft eingearbeitet hat, soll das in der Beurteilung entsprechend gewürdigt werden.

Die Dimension „Interaktion" ist etwas geringer bewertet (ca. 17 %), stellt aber einen eigenen Kompetenzbereich dar, der in den Bildungsstandards auch entsprechend ausgewiesen wird. Dieser Bereich drückt aus, dass bei einer guten Diskussion nicht bloß eigene Standpunkte dargestellt, sondern auch Argumente von Gegnern aufgenommen und ein respektvoller Umgang gepflegt werden sollten.

Das größte Gewicht im Raster haben die sprachlich-formalen Teilkompetenzen (50 % der Punkte). Damit wird berücksichtigt, dass es sich um Debattieren in der Fremdsprache handelt, wobei formale Elemente des Sprachgebrauchs besonders wichtig sind.

Hinter diesen Gewichtungen stehen pädagogische Intentionen, die diskutiert werden können und veränderbar sind und die einen wichtigen Teil der Funktionsweise des Rasters ausmachen. Je nach Kompetenzzielen könnten diese Gewichtungen verändert oder einzelne Teilbereiche weggelassen und ergänzt werden. Die Bandbreite von Punkten in jedem Kompetenzfeld ermöglicht es den Lehrpersonen, aufgrund der gezeigten Performanz einzelner Lernender individuelle Gewichtungen sogar im selben Niveau vorzunehmen („unterer Rand, Mitte, oberer Rand" usw). Eine genügende Leistung könnte mit ca. 60–65 % der maximal erreichbaren Punktzahl veranschlagt werden. Eine weitere Möglichkeit wäre es, nur die erreichten *levels* (1–3) in den Teilbereichen zu betrachten (also keine weiteren Differenzierungen durch unterschiedliche Punktzahlen vorzunehmen). Die Bewertung der Leistung würde damit „holistischer", wobei die Lehrperson am Ende aufgrund des Gesamtbildes ein ganzheitliches, aber evidenzbasiertes Urteil fällen würde.

Wichtig ist in diesem Zusammenhang die unterste Zeile des Rasters *Individual achievement:* Darin sollen persönliche oder überraschende Leistungen der Lernenden gewürdigt werden. Die Punktzahlen für diesen Bereich können flexibel angelegt werden und (je nach Präferenz der Lehrkraft) einen größeren oder kleineren Teil der Gesamtpunktzahl ausmachen. Wichtig ist die Signalwirkung für die Schülerinnen und Schüler: Sie sollen ermutigt werden, Risiken einzugehen, ihre individuellen Stärken einzubringen oder der Situation den „eigenen Stempel aufzudrücken", anstatt nur vorgegebene Erwartungen zu erfüllen. Damit wird auch anerkannt, dass kein Beurteilungsraster *alle* Dimensionen einer Schülerleistung vorab zu benennen vermag – wohl aber eine aufmerksame Lehrperson, die sich durch die Leistung ansprechen lässt und vor dem Hintergrund des Erwarteten auch die *unerwarteten* Leistungsaspekte erkennt.

Das zentrale Gütekriterium für diese Art von Beurteilungen ist ihre *Begründbarkeit*. Werturteile sollten sich auf konkrete Aspekte der Schülerleistung beziehen und gegenüber den Lernenden und evtl. gegenüber weiteren Interessierten offengelegt werden. Solche Beurteilungen sind rational und transparent, lassen sich aber nicht auf eine Formel reduzieren und können auch nicht von einer Person durchgeführt werden, die im Fachgebiet keine Expertin ist. Sie können aber von Nicht-Experten verstanden und nachvollzogen werden, etwa im Rahmen eines Gesprächs zwischen Lehrperson und Schüler, wobei diese einen Lernprozess gemeinsam evaluieren, Stärken und Schwächen benennen sowie weitere Arbeitsschritte vereinbaren. Damit soll ein „Prozess der kommunikativen Validierung mit dem Ziel des Verstehens" in Gang gebracht werden (WINTER 2004, 93).

Bewertungen sollen rational, transparent und begründbar sein

Indem Beurteilungsraster Kriterien für Leistungen festlegen, fokussieren sie jene Kompetenzaspekte, die für die Leistungsbewertung im Zentrum stehen sollen. Dies hat allerdings auch einige Nachteile: Indem Raster als „Schablone der Wahrnehmung" wirken, können sie den Blick für individuelle, kreative oder unerwartete Aspekte von Schülerleistungen einengen (Keller 2011, 146; vgl. Winter 2004, 63 f. für eine vertiefte Behandlung dieser Problematik). Eine Auswahl von Kriterien hat nicht dieselbe „Beurteilungskraft" wie die gesamte Population von Kriterien, über die Lehrkräfte latent verfügen und die für die Bewertung einer komplexen Leistung oft auch nötig sind (sogenannter *sampling effect;* Sadler 2008, 54). Bei konkreten Beurteilungsprozessen mit Rastern kann es deshalb passieren, dass Lehrpersonen aufgrund ihrer Erfahrung eine Leistung „global" beurteilen und nachher die Werte in den Kategorien eines Rasters so anpassen, dass am Ende das gewünschte Resultat herauskommt („geben wir hier noch etwas dazu"). Eine weitere Gefahr ist, dass Lehrpersonen sich strikt an die Kategorien eines Rasters halten und deshalb Qualitäten einer Arbeit nicht berücksichtigen, die zu ihrer Beurteilung eigentlich relevant wären. Im ersten Fall werden Transparenz und Objektivität der Raster vermindert, im zweiten Fall kann eine verzerrte Beurteilung resultieren.

Diese Nachteile sind prinzipieller Art und lassen sich nicht durch progressive Verfeinerung oder Ausdifferenzierung der Raster lösen, sondern nur über den reflektierten und verhältnismäßigen Umgang mit ihnen. Zwar ist es nicht möglich, *alle* relevanten Kriterien einer komplexen fachlichen Leistung im Voraus exakt zu spezifizieren. Gewisse Kriterien sind aber immer relevant, bei *speaking* etwa die Korrektheit und Relevanz der vorgebrachten Argumente oder die Fähigkeit, auf die Beiträge anderer Sprecher Bezug zu nehmen (vgl. obiges Beispiel, S. 128). Solche Kriterien können den Lernenden schon früh mitgeteilt und konkret mit ihnen diskutiert werden. Im Rahmen dieser Arbeit können auch konkrete Beispiele entstehen, was die einzelnen Deskriptoren genau bedeuten und wie sich entsprechende Qualitäten in der Praxis herstellen lassen. Bei der Fähigkeit, auf andere einzugehen, wäre hier z. B. an den Gebrauch von *discourse markers* zu denken („*as you said before"; „I would like to contradict"* usw.). Durch das Sammeln und Systematisieren solcher Sprachelemente entwickeln die Lernenden konkrete Handlungswerkzeuge zum Bewältigen komplexer kommunikativer Situationen, und sie erwerben auch Kompetenzen in jenen formalsprachlichen Bereichen, die in vergleichenden Leistungstests erfasst werden. Enger gefasste Lern- und Evaluationsaufgaben sollten dabei nicht als Gegensatz zu weiter gefassten und „offeneren" Formen gesehen werden, sondern als zwei Seiten derselben Medaille.

7.4 *Self-assessment* mit den Rastern des *Europäischen Sprachenportfolios*

Beurteilungsraster bieten gute Voraussetzungen für Selbstbeurteilungen der Lernenden *(self-assessment)*. Die Fähigkeit, die Qualität der eigenen Leistung und das eigene Könnensniveau einzuschätzen, ist wichtig für die Selbststeuerung des Lernens und das Management von Lern- und Arbeitsprozessen sowie für die Entwicklung von Lernstrategien und *language learning awareness* (HALLET 2011, 184). Besonders bedeutsam ist in diesem Zusammenhang das *Europäische Sprachenportfolio ESP* (EUROPARAT 2001b), welches die Elemente „Sprachenpass", „Sprachbiografie" und „Dossier" umfasst. Im Teil „Sprachenpass" befinden sich Raster mit Kompetenzbeschreibungen für fünf verschiedene kommunikative Sprachfertigkeiten. Es handelt sich dabei um Raster zur Selbst- wie auch zur Fremdbeurteilung, die in jeweils sechs Niveaustufen aufgeteilt sind (A1 bis C2). Diese sollen den Jugendlichen helfen, ihre Leistungen und Fortschritte einzuschätzen und ein Verständnis dafür zu erwerben, welches Niveau sie in einem Bereich bereits erreicht haben und wo weitere Entwicklungen nötig sind. Indem sie es den Jugendlichen ermöglichen, sich beim Lernen eigene Ziele zu setzen, sind diese Raster nicht bloß ein Instrument der Lerndokumentation, sondern auch der pädagogischen Entwicklung. In der Arbeit damit können abstrakte Ziele wie „Lernerautonomie" konkret im Unterricht umgesetzt werden.

Der Teil „Sprachbiografie" des ESP enthält Hinweise, Beispiele und Checklisten, „wie man die persönliche Sprachlernbiografie schreiben kann" und welche Angaben dazu sinnvoll sind (EUROPARAT, 2001b, o. S.). In diesem Teil sollen die Lernenden also festhalten, wie und in welchen Kontexten sie verschiedene Fremdsprachen gelernt haben, wo sie dabei ihre Stärken und Schwächen sehen, welche Kontakte sie mit anderen Kulturen hatten und was sich daraus für Anhaltspunkte für das weitere Lernen ergeben. Dabei sind auch metakognitive und reflexive Kompetenzziele eingeschlossen: Die jungen Menschen sollen fähig werden, „selbstständig zu lernen und selbstständiges Lernen zu planen und zu reflektieren" (ebd.).

Im Teil „Dossier" sollen die Schülerinnen und Schüler persönliche Arbeiten sammeln, die exemplarisch veranschaulichen, welche Kompetenzniveaus sie in verschiedenen Bereichen erreicht haben und was sie „in verschiedenen Sprachen gemacht haben und machen können" (ebd.). Neben fertigen Produkten sollen auch Lern*prozesse* dokumentiert werden: Die Jugendlichen sind angehalten, den Entstehungsprozess einer Arbeit „vom ersten Entwurf bis zur letzten korrigierten Überarbeitung" zu dokumentieren und damit auch die eigenen Fortschritte besser zu erkennen und zu reflektieren (ebd.).

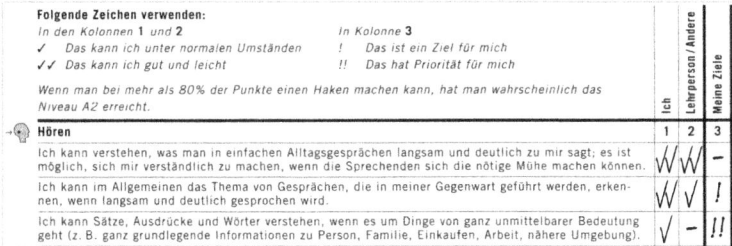

Checkliste zur Selbsteinschätzung Hören (Niveau A2), ESP (EUROPARAT 2001b, o. S.)

In Checklisten wie dieser können Lernende ihre Kompetenzen selber beurteilen und diese Einschätzung mit der von Lehrkräften oder anderen Personen vergleichen. Indem sie sich auch selber Rechenschaft über die Güte ihrer Lernprodukte ablegen, kann die „Last der Beurteilung" auf mehrere Schultern verteilt werden, mit dem Ziel, die Lernenden als Partner bei der Leistungsbewertung zu gewinnen (STIGGINS 2008, 17). Auf dieser Basis können Ziele für das weitere Lernen bestimmt oder Lerngespräche geführt werden. Besonders für leistungsschwächere Schülerinnen und Schüler kann dies eine zusätzliche Motivation bedeuten: Sie sehen konkrete Schritte zum Erreichen einer „nächsten Stufe", anstatt gebannt auf ein unerreichbares Fernziel zu starren.

Lernende als Partner bei der Leistungsbewertung gewinnen

Eine didaktisch aussichtsreiche Form des Einsatzes solcher Raster im Unterricht ist das „Referenzieren" (MÜLLER 2006). Dabei geben die Kompetenzbeschreibungen konkrete Ziele und Inhalte des Lernens vor, welche die Lernenden auf eigenen Wegen und in selbst gewählter Reihenfolge bearbeiten. Durch Klebepunkte markieren sie laufend die Stufen, die sie gemeistert haben. Indem sie ihre eigenen Lernhandlungen zu entsprechenden Zielen und Referenzwerten in Beziehung setzen, können sie verstärkt wahrnehmen, welche Fortschritte sie gemacht haben und wo noch weitere Anstrengungen nötig sind. Durch die Klebepunkte entsteht ein individuelles und differenziertes Kompetenzprofil, das den Lernstand der Einzelnen differenziert darstellt. Dies kann es den jungen Menschen erleichtern, sich in komplexen Kompetenzfeldern zu orientieren:

Damit wird das Fundament gelegt für ein individuelles Lernen, das nicht Gefahr läuft, irgendwo in Frust oder Beliebigkeit zu enden. Denn die Lernenden können erkennen, wo sie stehen. Und sie können sehen, was die nächsten Schritte sind. Die Ziele sind klar. Sie sind der individuellen Situation angepasst. Das wiederum erhöht die Erfolgswahrscheinlichkeit. (MÜLLER 2006, 5)

Gehaltvolle Dokumente erstellen

Damit aus dem „Bepunkten" von Kompetenzniveaus tatsächlich ein Instrument der Lernförderung und Lernreflexion wird, müssen geeignete Dokumente oder Produkte für das Portfolio entstehen, auf die sich entsprechende Reflexionen abstützen können. Im ESP sollen also auch gehaltvolle Lernprodukte gesammelt und dokumentiert werden, nicht bloß Listen ausgefüllt und Felder angekreuzt werden. Abgelöst von solchen „Belegstücken" wären Selbstreflexionen wenig wertvoll und müssten als „ungedeckter Scheck" bezeichnet werden, wobei nicht deutlich wird, worauf sie sich beziehen bzw. durch welche Datenbasis sie abgesichert sind.

7.5 Lernjournale

Wenn längerfristige Prozesse des Kompetenzerwerbs in den Blick genommen werden sollen, dann bieten Lernjournale eine gute Datengrundlage. Dabei dokumentieren die Schülerinnen und Schüler ihre Arbeiten, Lösungen, Denkansätze und Konzepte beim Lernen und machen diese der Wahrnehmung anderer Personen zugänglich. Lernjournale stellen also Instrumente dar, um die Erfolge und Anstrengungen der Lernenden zu würdigen und ihnen im Unterricht eine größere Bedeutung zukommen zu lassen. Als Sammlung vielfältiger Leistungsbelege sind sie Instrumente individueller Entwicklungsdokumentation. Ihr Einsatz unterstreicht zudem den eigenständigen, aktiven Charakter des Lernens und hebt dabei dessen Situiertheit in konkreten Erfahrungs- und Problemkontexten hervor (HÄCKER 2006, 34).

Die in einem Lernjournal gesammelten Leistungsbelege sind eine hervorragende Datenbasis für lernförderliche Rückmeldungen durch die Lehrkraft (vgl. Abschn. 4.7). Sie können auch zum Anlass für *peer feedback* werden, wobei die Lernenden ihre Journale austauschen, sich gegenseitig beraten und so auch von den Leistungen der anderen lernen. Der Nutzen für die Lehrpersonen liegt darin, dass sie mit der Zeit ein präzises Bild der Leistungsentwicklung der einzelnen Jugendlichen gewinnen und in einen offenen Diskurs mit ihnen über Lernwege, Lernbedingungen und erreichte Leistungen kommen können. Lernjournale sind also wichtige Instrumente für eine Längsschnitt- und Entwicklungsdiagnose, welche Teil der Leistungsbewertung sein sollte und einer einstufenden Beurteilung von Leistung vorausgeht oder sie ergänzt.

Wenn sich Lehrpersonen und Lernende gemeinsam über Prozessdokumente in einem Lernjournal beugen, ist der erste Schritt dazu getan, die Leistungsbewertung verstärkt als inhaltliche Auseinandersetzung mit Schülerarbeiten und Lernprozessen auszulegen. Dabei geht es also (noch) nicht um einen einstufenden oder beurteilenden Zugang zu Schülerleistungen. Vielmehr steht *formative assessment* im Zentrum, wobei Lehrpersonen in die Lage kommen, förderdiagnostisch zu arbeiten und eine Feedbackkultur in ihrem Klassenzimmer aufzubauen. Ziel dabei ist das Verstehen eines individuellen Kompetenzprofils und eines Lernprozesses, darauf bezogen können konkrete Fördermaßnahmen formuliert werden: „The evaluative task in this situation is not one of applying a common standard to the products produced but one of reflecting upon what has been produced in order to reveal its uniqueness and significance." (WESTHOFF 2001, 39) Für die Lernenden wird so der Zusammenhang zwischen ihrer Leistung und der Rückmeldung der Lehrkraft erkennbar, und sie gewinnen Orientierungspunkte für ihre weitere Arbeit. Ohne solche Rückmeldungen hingegen werden sie ihre Lernprodukte kaum überarbeiten und auch ihren Lernstil nicht verändern.

Gespräche über Leistung führen

Obwohl das Lernjournal in diesem Kapitel zur Leistungsbewertung besprochen wird, wird explizit davon abgeraten, einzelne Arbeiten darin mit Ziffernnoten zu versehen. Wenn man sich zu früh darauf konzentriert, die Leistungen der Lernenden einzustufen, ist rasch der Zugang versperrt zu dem, was diese Leistungen inhaltlich ausmacht. Diese Gefahr gilt vor allem dann, wenn Entwürfe, Konzepte oder Lernpläne benotet werden. Auch selbstreflexive Äußerungen stehen dann in Gefahr, unterdrückt und geschönt zu werden (WINTER 2007, 111).

Verzicht auf einstufende Benotung bedeutet aber nicht Verzicht auf Bewertung und differenziertes Feedback. Ein solcher Verzicht wäre für die Jugendlichen kein Gewinn, da sie es sonst schwierig finden, konkrete Anhaltspunkte für die weitere Arbeit zu erhalten. Der zentrale Zweck von Lernjournalen besteht also darin, dass sie von anderen Personen genutzt, begutachtet und wertgeschätzt werden. Auf dieser Grundlage kann Leistungsbeurteilung als Dialog im Dienst des Lernens und Verstehens ausgelegt werden. Wenn Journale aber im Unterricht keine Rolle spielen oder nur außerhalb davon erledigt werden müssen (z. B. als Prüfungsvorbereitung), lehnen die Jugendlichen diese rasch ab (ZEDER 2006). Sie erwarten, dass ihre Notizen im Journal im Unterricht in irgendeiner Form aufgegriffen und wahrgenommen werden – sonst machen auch prozessbezogene Äußerungen für sie keinen Sinn.

Verstehen und helfen statt benoten

Tipps zum Umgang mit Lernjournalen im kompetenzorientierten Unterricht:

- Ermutigen Sie Ihre Schülerinnen und Schüler, Zwischenergebnisse, Entwürfe, Gedanken und Konzepte zu verschriftlichen und aufzubewahren (in der Schul- und zunehmend auch in der Fremdsprache).
- Stellen Sie komplexe Kompetenzaufgaben, die kognitiv anspruchsvoll sind, eigene Entscheidungen verlangen und das Dokumentieren von Prozessdokumenten auch lohnend machen.
- Vereinbaren Sie Regeln zum Gebrauch der Lernjournale: Zu welchem Zweck werden sie geführt? Wer schaut sie an? Was geschieht mit den Informationen, die die Schülerinnen und Schüler über sich sammeln?
- Ermutigen Sie die Schülerinnen und Schüler, die Fremdsprache zu verwenden, auch wenn Fehler passieren. Auf unteren Stufen oder bei weniger leistungsstarken Klassen darf auch die Schulsprache verwendet werden; zentral ist, dass die Lernenden sich früh an das Sammeln und Auswerten der eigenen Leistungen gewöhnen.
- Schauen Sie sich die Lernjournale regelmäßig an, denn nur dann machen diese für die Jugendlichen Sinn. Schärfen Sie dabei Ihren förderorientierten Blick und nehmen Sie eine Entwicklungsperspektive ein. Ermutigen Sie die Schülerinnen und Schüler, ihre Texte und Belege zu überarbeiten, eigene Gedanken zu entwickeln und einen breiten Fächer an sprachlichen und übersprachlichen Teilkompetenzen zu dokumentieren.

Werden diese Hinweise befolgt, so bestehen gute Chancen, dass die Intensität der Auseinandersetzung der Lernenden mit einem Thema oder dem Fremdsprachenerwerb zunimmt (eine Garantie dafür gibt es leider nicht). Was aber ganz sicher zunimmt, ist die zeitliche Belastung für die Lehrkräfte. Diese müssen nämlich nicht bloß ein gutes Lern*angebot* machen, sie müssen auch schauen, wie die Schülerinnen und Schüler dieses Angebot *genutzt* haben und welche Konsequenzen für das weitere Lernen sich daraus ergeben.

Zur Vermeidung einer übermäßigen Belastung mögen folgende Hinweise hilfreich sein:
- Geben Sie Arbeiten und Aufträge, die keine Anstrengung oder eigene geistige Leistung erkennen lassen, ohne Rückmeldung zurück und fordern Sie die Jugendlichen zu einer Überarbeitung auf.

- Der Einsatz von Beurteilungsrastern spart Zeit, da damit rasch Klarheit über Beurteilungskriterien hergestellt werden kann (vgl. Kap. 7.3, oben).
- Setzen Sie *minimal marking* ein: Anstatt grammatische Fehler detailliert zu korrigieren, werden Fehler einfach am Rand markiert (z. B. mit einem Kreuz). Die Lernenden haben dann die Aufgabe, die Ursachen selber zu finden und die Fehler zu verbessern (vgl. Kap. 4.8).
- Sparen Sie sich detaillierte (schriftliche) Rückmeldungen für besonders wichtige Arbeitsschritte oder Aufgaben aus. Verwenden Sie zeitsparende Methoden wie mündliche Beratung oder *peer feedback* bei kleineren Aufträgen (angepasst aus Joughin 2009, 13).

Sorgfältig mit eigenen Ressourcen umgehen

Wenn hier gegen eine Benotung von Lernjournalen argumentiert wurde, so soll dies keineswegs heißen, dass dadurch ein bewertungsfreier Raum entsteht. Im Gegenteil soll die intensive Arbeit, die die Schülerinnen und Schüler bei der Arbeit am Journal leisten, auch in der Leistungsbewertung angerechnet und entsprechend wertgeschätzt werden, z. B. in einem Portfolio.

7.6 Portfolio

Im Gegensatz zu einem Lernjournal, welches auf die Dokumentation von Lernprozessen ausgelegt ist, stehen bei einem Portfolio die Produkte des fachlichen Lernens im Vordergrund. Bei Portfolios gibt es die unterschiedlichsten Arten und Definitionen, wobei eher prozess- von eher produktorientierten Formen unterschieden werden (Häcker 2006, 33 ff.). Bei dem Portfoliotyp, der im Folgenden vorgestellt wird, handelt es um ein „Produkt-", „Vorzeige-" oder „Bewertungsportfolio". Man kann sich dieses als Sammlung von Texten, Lerndokumenten, Produkten, Reflexionen usw. vorstellen, die von den Lernenden selber gestaltet, geordnet und präsentiert werden und die daraufhin von der Lehrkraft bewertet werden.

Grundlegend dabei ist, dass die Lernenden *selber* eine reflektierte Auswahl treffen und so mitbestimmen, anhand welcher Leistungen sie beurteilt werden wollen. Dabei müssen sie auch einschätzen, wie gut sie gearbeitet haben und welche Kompetenzen sie sich in einem Gebiet erworben haben. In der Praxis wird das meistens so ablaufen, dass gewisse Portfolioeinlagen obligatorisch vorhanden sein müssen, während andere frei gewählt werden dürfen. Mit dieser Tätigkeit des Evaluierens und Auswählens geht auch ein Nachdenken über die Qualität des eigenen Lernens und Arbeitens einher, was als wichtige Zielgröße des Lernens auf der Sekundarstufe gesehen werden kann:

Da die Lernenden eine gewisse Freiheit in der Auswahl der Leistungsnachweise haben, ist die Portfoliomethode in besonderer Weise geeignet, Hinweise auf ihre Fähigkeit zu erhalten, [...] erworbene Kompetenzen auch in außerschulischen Situationen anzuwenden. Die Portfoliomethode ist also bestens geeignet, Informationen zu den „höheren" kognitiven Leistungen [...] zu erhalten.
(Duit et al. 2002, 179)

Anders als in einem Test oder einer Klassenarbeit können in einem Portfolio die Ergebnisse langfristiger, persönlich bedeutsamer und individuell verlaufender Kompetenzerwerbsprozesse erfasst und beurteilt werden. Das heißt natürlich nicht, dass die jungen Menschen bei der Auswahl von Bewertungsdokumenten völlig frei sind. Die Rahmenbedingungen sind durch Kompetenzbeschreibungen oder eventuell auch Bildungsstandards vorgegeben, die möglichst von allen Jugendlichen erreicht werden sollen. Gleichzeitig lassen Portfolios den Lernenden genügend Raum, auf eigene Weise darzustellen, mit welchen Methoden sie an diesen Zielen gearbeitet haben, anhand welcher Materialien dies geschah und welche Fähigkeiten sie dabei konkret erworben haben. Indem sie ein detailliertes Bild über die individuellen Kompetenzprofile von Schülerinnen und Schülern über eine sehr große Bandbreite hinweg sichtbar machen, stellen Portfolios eine wertvolle Ergänzung zu Tests oder Klassenarbeiten dar.

Portfolio als Schaufenster der Arbeit

Erinnern wir uns an die Unterrichtseinheit *Writing a Letter* (vgl. Kap. 2). Während des etwa vier Wochen dauernden Projekts sammelten die Schülerinnen alle Dokumente in einem Lernjournal und stellten daraus am Ende ein Portfolio zusammen. Sie trennten dabei wichtige Texte von weniger wichtigen, wählten relevante Dokumente aus, brachten sie in eine Reihenfolge und erstellten ein Inhaltsverzeichnis dazu. Sie schufen damit eine breite und ergiebige Datenbasis, anhand derer die Lehrerin einschätzen konnte, bis zu welchem Umfang die Einzelnen die Kompetenzziele der Unterrichtseinheit erreicht hatten, wo noch Defizite bestanden und welche Konsequenzen daraus für den weiteren Unterricht zu ziehen waren. Dabei waren nicht nur formal-sprachliche, sondern interkulturelle und lernstrategische Fähigkeiten gemeint. Am Ende enthielten die Portfolios:
- Lösungen und Lernprodukte der Schülerinnen und Schüler zu bestimmten Aufträgen (SMS an Mitschülerin, E-Mail an Lehrerin, Brief an Schulleiterin schreiben usw.);
- Analysen von authentischen Expertentexten (Brief der Lehrerin, *formal and informal letters*);

- Rückmeldungen zu Arbeiten von Mitschülerinnen (Betrachtungen zu den SMS und E-Mails, die sie von den Klassenkolleginnen erhalten hatten);
- Übungen und *drills,* die die Lernenden zum Teil selbstständig erledigt hatten;
- persönliche „Lernlandkarten", wie sich das Thema für sie darstellte und welche Instrumente sie konkret erworben hatten, um gute Briefe zu schreiben *(toolbox);*
- überarbeitete Versionen von eigenen Texten, wobei die überarbeiteten Stellen farblich gekennzeichnet wurden;
- Zusammenfassungen von Lernerlebnissen, die für die Lernenden bedeutsam waren, und Reflexionen zu den eigenen Lernprozessen.

Die Beurteilung von Portfolios kann mittels Orientierungsbögen, Checklisten, Qualitätseinschätzungen und Beurteilungsrastern erfolgen. Wichtige Bewertungsfragen und Beurteilungskriterien sind dabei:
- Sind die Kompetenzziele, die für eine Unterrichtseinheit festgelegt wurden, im Portfolio detailliert und nachvollziehbar dargestellt?
- Wurden die Lernprozesse ausreichend dokumentiert?
- Welche Fortschritte im Bereich der zentralen Fachkompetenzen werden deutlich?
- Welche Lernfortschritte im Bereich von Arbeitsmethoden und Lernstrategien werden ersichtlich?
- Haben die Schülerinnen und Schüler angemessene Fähigkeiten der Selbstbeurteilung entwickelt?
- Liefert das Portfolio Belege dafür, dass die Schülerinnen und Schüler gelernt haben, ihr Lernen selbst zu organisieren und selbstständig zu arbeiten?
- Wie ordentlich oder sorgfältig wurde gearbeitet?
  (nach WIEDENHORN 2006, 29)

Unter Bezugnahme auf geeignete Beurteilungsraster werden Portfolios also zu viablen Instrumenten der Leistungsbewertung, welche auch mit „traditionelleren" Formen verbunden werden können. Dazu sind folgende Arbeitsformen denkbar:

Mündliche Präsentation auf der Grundlage eines Portfolios:
Das Portfolio dient als Grundlage für eine abschließende Präsentation eines Projekts oder einer Lerneinheit, an der ein Jugendlicher gearbeitet hat. Die Bewertung und Rückmeldung zur Präsentation kann durch ein Beurteilungsraster (analog wie oben) unterstützt werden.

Portfolio als Grundlage für eine mündliche Prüfung:
Das Portfolio wird von den Schülerinnen und Schülern in eine mündliche Prüfung mitgebracht und dient dabei unmittelbar als Gesprächsgrundlage. Die Prüfer sichten das Portfolio im Vorfeld und überlegen sich geeignete Prüfungsfragen, die auf eine vertiefte Diskussion der darin abgelegten Arbeiten abzielen und den Lernenden noch einmal Gelegenheit geben, ihre Kompetenzen auf diesem Gebiet unter Beweis zu stellen.

Portfolio als Ergänzung oder Alternative zu Klassenarbeiten:
Das Portfolio ersetzt eine oder mehrere verpflichtende schriftliche Arbeiten (Klausuren). Dabei wird entweder das gesamte Portfolio oder einzelne Einlagen daraus bewertet und auch benotet (nach WIEDENHORN 2006, 30).

Drei Säulen der Portfolioarbeit

Planung & Kontextdefinition

Ziele
Sind klare Ziele formuliert und für alle Beteiligten transparent?
Selbstbestimmung & Verantwortung
Können die Lernenden ihre Arbeit auch selbst bestimmen und Verantwortung übernehmen?
Rahmen
Sind die Unterrichtsbedingungen für die Portfolioarbeit geeignet bzw. herstellbar?
Einsatz
Sind der beabsichtigte Einsatz und Zweck des Portfolios für alle Beteiligten klar?

Kommunikation

Reflexion
Werden Prozesse und Ergebnisse reflektiert?
Dialog
Finden Gespräche über Lernen, Leistung und Entwicklung statt?
Rückmeldung
Gibt es gehaltvolle Kommentare und Einschätzungen zur Qualität der Ergebnisse und Prozesse?

Organisation

Sammlung
Werden Dokumente zu Ergebnissen und Prozessen des Lernens gesammelt?
Überarbeitung
Gibt es Gelegenheit, die Portfolioprodukte zu überarbeiten?
Auswahl
Wird eine gezielte und begründete Auswahl getroffen?
Strukturierung & Gestaltung
Sind die Portfolios strukturiert und individuell gestaltet?
Öffentlichkeit & Wahrnehmung
Werden die Portfolios in geeigneten Räumen veröffentlicht und wahrgenommen?
Auswertung
Werden Schlussfolgerungen für die weirere Lernarbeit gezogen?

Übersicht über die Merkmalskategorien zur Orientierung und Evaluation der Arbeit mit Portfolios (INP 2010, 6)

Portfolios sind eine hervorragende Möglichkeit zur erweiterten Leistungsbewertung im kompetenzorientierten Unterricht. Ihr Einsatz ist aber anspruchsvoll und muss sorgfältig geplant werden, wobei sich Lehrkräfte an den drei „Säulen" der Abbildung auf S. 140 orientieren können.

Portfolioarbeit
Denken Sie an eine kompetenzorientierte Unterrichtseinheit in Ihrem Kontext. Wie ließen sich dabei die in der Abbildung auf S. 140 genannten Merkmalskategorien und Orientierungspunkte konkret realisieren? Welche Schritte wären dazu notwendig?

Die Einteilung und Abgrenzung der oben dargestellten Säulen sollte nicht als strenge zeitliche Abfolge verstanden werden; vielmehr bestehen zwischen den einzelnen Merkmalen enge Beziehungen (INP 2010, 5). Erstens ist es sinnvoll, zuerst Kompetenzziele, Rahmenbedingungen und Einsatzmöglichkeiten des Portfolios abzuklären, bevor man an das Erarbeiten der konkreten Portfolioinhalte geht. Zudem sollte mit der Reflexion des Lernens nicht bis ganz am Ende gewartet werden; vielmehr beginnt diese bereits bei einem Prozess des Dialogs mit den Schülerinnen und Schülern, wobei die Rahmenbedingungen der Portfolioarbeit besprochen und persönliche Entwicklungsziele festgelegt werden.

Diese Reflexion ist ein entscheidender Aspekt von Portfolioarbeit, aber auch von kompetenzorientiertem Fremdsprachenlernen insgesamt. Die reflexive Komponente des Lernens wird in allen Säulen deutlich, etwa wenn (links) Ziele der nachfolgenden Lernarbeit geprüft und geklärt werden und die Lernenden sich selber klarwerden, wie sie diese erreichen wollen; wenn (in der Mitte) Gespräche über den Verlauf der Lernprozesse geführt und die Qualität der entstandenen Produkte kritisch beurteilt werden; und wenn (rechts) die Lernarbeit ausgewertet und gemeinsam Schlussfolgerungen für das weitere Lernen gezogen werden.

Gemeinsam über das Lernen nachdenken

Diese Reflexionsarbeit ist nicht als „Zugabe", sondern als zentrales Qualitätsmerkmal von gehaltvollen Lernprozessen zu sehen, wobei die Lernenden sich diese Prozesse (soweit sinnvoll) bewusst machen, sich darüber austauschen und damit auch prozedurale Kompetenzen erwerben (INP 2010, 9). Um solche Prozesse zu unterstützen, können Reflexionsfragen wie die folgenden nützlich sein:

Reflexionsfragen für die Vorausschau auf einen Arbeitsprozess:
- Welche Erwartungen habe ich an das Thema/an die Arbeit?
- Welche Kompetenzen soll ich genau erwerben, und welche Herausforderungen kommen dabei auf mich zu?
- Verstehe ich genau, was von mir verlangt wird?
- Was muss auf jeden Fall bewältigt werden, wo gibt es Spielraum für Eigenes?
- Was könnte mir schwer-/leichtfallen? Wo liegen meine Stärken und Schwächen?

Reflexionsfragen begleitend zum Arbeitsprozess:
- Welche Kompetenzen habe ich schon erworben, was kann ich schon und was noch nicht?
- Was ging gut, was war schwierig?
- Was sind meine nächsten Schritte?
- Wozu brauche ich jetzt Beratung und Unterstützung und wo kann ich diese bekommen?

Reflexionsfragen für die Rückschau am Ende des Arbeitsprozesses:
- Wo bin ich gestartet und was waren die Kompetenzziele der Unterrichtseinheit?
- Welche Kompetenzziele habe ich erreicht, was muss noch geleistet werden?
- Inwieweit entspricht meine Arbeit den Zielen und Vorgaben des Unterrichts?
- Habe ich meinen Kompetenzerwerb und meine neuen Fähigkeiten angemessen dargestellt und dokumentiert?
- Was waren Höhe- und Tiefpunkte meiner Arbeit?
(verändert aus WINTER 2009, 35)

An dieser Liste wird deutlich, dass die Arbeit mit Portfolios auf das Erreichen von vorgegebenen Zielen und Bildungsstandards ausgerichtet werden kann. Zudem können dabei auch persönlich bedeutsame Leistungen beachtet und gewürdigt werden, bei denen sich die Lernenden von anderen unterscheiden und die nicht vergleichbar oder standardisierbar sind (SACHER 2003, 17). Die Schülerinnen und Schüler sollen also in der Fremdsprache besser werden, zusätzlich evaluative Expertise erwerben und fähig werden, die Qualität ihrer Sprachprodukte und -fähigkeiten selber einzuschätzen.

Das Erstellen eines Portfolios trägt dabei auch zur Synthesenbildung beim Lernen bei: Die Jugendlichen erschaffen ein Gesamtbild ihrer Arbeit und erhalten neue Einsichten, wie sie gelernt haben oder welche Arbeitsstrategien effizient sind. Zum *outcome* gehören neben Fachkompetenzen auch veränderte Haltungen oder Denkgewohnheiten. Bei der Dokumentation dieser wichtigen Bildungsziele gibt es zu Portfolios keine sinnvollen Alternativen.

Damit sei am Ende nochmals an die zentralen Ziele eines kompetenzorientierten Unterrichts im Rahmen eines umfassenden Bildungskonzepts erinnert: Die jungen Menschen sollen lernen, sich den anspruchsvollen Herausforderungen der heutigen Welt zu stellen und dabei schulisches Wissen anzuwenden. Dazu gehört eine solide Basis in verschiedenen Fremdsprachen, um sich in einer immer vielfältigeren und vernetzteren Welt zurechtzufinden und mit Menschen aus anderen Kulturkreisen und Lebensbereichen zu kommunizieren. Die Jugendlichen sollen in die Lage kommen, Fremdsprachen wirkungsvoll einzusetzen, dabei eigene Ziele zu verfolgen und innerhalb sozial heterogener Gruppen konstruktiv zu interagieren. Das übergeordnete Ziel dabei ist die Fähigkeit der Einzelnen, Verantwortung für ihre Lebensgestaltung zu übernehmen, ihr Leben im größeren Kontext zu situieren und eigenständig zu handeln (OECD 2005, 7).

Kompetenzorientierter Unterricht ist – in einer abschließenden Definition – als das Herstellen von Lernformen zu bezeichnen, welche die Ausbildung solcher Fähigkeiten und Fertigkeiten anhand der Systematik und den Inhalten eines konkreten Fachs fördern und erreichbar machen. Letztes Ziel dabei ist eine Unterrichtsgestaltung, die jedem Menschen die Chance gibt, sein intellektuelles, emotionales und soziales Potenzial umfassend zu entwickeln.

Anhang

Transskript des Videos *Lauren, former credit card abuser*

Lauren: I'm Lauren. I'm eighteen and I'm already seventeen hundred dollars in debt. It started because me and my best friend were going on a vacation to Costa Rica, and my parents gave me a credit card so I wouldn't have to carry round cash.

Dad: It was only to be used on an emergency basis.

Lauren: It was just a credit card and didn't occur to me that it was real money that I was really spending, and so I just kept using it and using it. Gas, food, clothes, purses, make-up, anything I could get my hands on, I spent it. I knew I had a lot of money that I needed to pay back, but it didn't really occur to me because I had a job and I figured, you know, I'm getting money I'll pay it off when I, when I come round to it. I was probably paying a hundred and fifty to two hundred dollars every month, I think, but the problem was that I would pay two hundred dollars but I'd spend it within the next two weeks so the balance would never go down. My parents took my credit card away, and I got a debit card.

Dad: Now she has a debit card to use. She can't spend any more than she has.

Lauren: I spend what I have, and so I have to live within my means.

Dad (to Lauren): Divide seventeen hundred by a hundred and fifty; let's see how long it's gonna take to pay that back.

Lauren: Eleven point three, so about twelve months.

Dad: Twelve months or a year. Now the problem is, this is gonna keep collecting interest. And at this interest rate it's really gonna start to stack up. Right.

Lauren: Oh … I've been getting money from cutting my friends' and family's
hair and doing side things for them so all that money goes in the bank and   25
gradually I'm slowly paying it off. [To the audience:] Hey biz kids, don't run
up your credit card bill!

Quelle: http://www.youtube.com/watch?v=CMBCTC7eIC8
(letzter Zugriff am 15.10.2012)

Literatur

ALTHOF, WOLFGANG (Hrsg.) (1999): Fehlerwelten. Vom Fehlermachen und Lernen aus Fehlern. Leske & Budrich: Opladen.

ARMITAGE, SIMON (1992): Kid. Faber and Faber: London.

[BBC] BRITISH BROADCASTING COOPERATION/GCSE BITESIZE (2012): Kid/Simon Armitage. http://www.bbc.co.uk/schools/gcsebitesize → English Literature → Simon Armitage → Kid (letzter Zugriff am 15.10.2012).

BILDUNGSPLAN DER REALSCHULE DES LANDES BADEN-WÜRTTEMBERG: http://www.bildung-staerkt-menschen.de/unterstuetzung/schularten/Rs/bildungsstandards (letzter Zugriff am 15.10.2012).

BLEYHL, WERNER (1998): Selbstorganisation des Lernens – Phasen des Lernens. In: JOHANNES-PETER TIMM (Hrsg): Englisch lehren und lernen. Cornelsen: Berlin, 61–69.

[BLK] BUND-LÄNDER-KOMMISSION FÜR BILDUNGSPLANUNG UND FORSCHUNGSFÖRDERUNG, BLK (Hrsg.) (1997): Gutachten zur Vorbereitung des Programms „Steigerung der Effizienz des mathematisch-naturwissenschaftlichen Unterrichts" (Materialien, Heft 60). BLK: Bonn. http://www.sinus-transfer.uni-bayreuth.de/fileadmin/MaterialienDB/385/heft60.pdf (letzter Zugriff am 15.10.2010).

BOHL, THORSTEN/KURCHARZ, DIEMUT (2010): Offener Unterricht heute. Konzeptionelle und didaktische Weiterentwicklung. Beltz: Weinheim.

BOHNSACK, FRITZ (2003): Schule ist mehr als fachliche Leistung – Zur Qualität von Schule und Lernen. In: MICHAEL LEGUTKE/MARITA SCHOCKER-V. DITFURTH (Hrsg.): Kommunikativer Fremdsprachenunterricht: Rückblick nach vorn. Festschrift für Christoph Edelhoff. Gunter Narr: Tübingen, 171–180.

BÖNSCH, MANFRED/KOHNEN, HELGA/MÖLLERS, BIRGIT et al. (2010): Kompetenzorientierter Unterricht. Selbstständiges Lernen in der Grundschule. Westermann: Braunschweig.

BÖTTCHER, INGRID/BECKER-MROTZEK, MICHAEL (2003): Texte bearbeiten, bewerten und benoten. Cornelsen: Berlin.

BRANSFORD, JOHN/BROWN, ANN L./COCKING, RODNEY R. (2000): How People Learn. Brain, Mind, Experience, and School. National Academy Press: Washington D.C.

BREDELLA, LOTHAR (2007): Die welterzeugende und welterschließende Kraft literarischer Texte. Gegen einen verengenden Begriff von literarischer Kompetenz und Bildung. In: Ders. und WOLFGANG HALLET (Hrsg.): Literaturunterricht, Kompetenzen und Bildung. Wissenschaftlicher Verlag: Trier, 65–85.

BROPHY, JERE E. (2000): Teaching (Educational Practices Series, Band 1). International Academy of Education & International Bureau of Education: Brüssel.

BROWN, PENELOPE/LEVINSON, STEPHEN C. (1994): Politeness. Some Universals in Language Use. Cambridge University Press: Cambridge.

Brusch, Wilfried (2009): Didaktik des Englischen. Ein Kerncurriculum in zwölf Vorlesungen. Westermann: Braunschweig.

Butzkamm, Wolfgang (2002): Psycholinguistik des Fremdsprachenunterrichts. Francke: Tübingen.

Candlin, Christopher N./Edelhoff, Christoph/Grewer, Ulrich (1996): Kommunikativer Englischunterricht. Prinzipien und Übungstypologie. Langenscheidt: Berlin.

Deci, Edward L./Ryan, Richard M. (1993): Die Selbstbestimmungstheorie der Motivation und ihre Bedeutung für den Fremdsprachenunterricht. In: Zeitschrift für Pädagogik, 39. Jg., 223–291.

Donato, Richard (1994): Collective Scaffolding in Second Language Learning. In: James P. Lantolf/Gabriela Appel (Hrsg.): Vygotskian Approaches To Second Language Research. Ablex: Norwood, 32–54.

Drieschner, Elmar (2008): Bildungsstandards und Kompetenzauslegung. Zum Problem ihrer praktischen Umsetzung. In: Pädagogische Rundschau, 62. Jg., Heft 5, 557–572.

Dubs, Rolf (2006): Bildungsstandards und kompetenzorientiertes Lernen. In: Gerhard Minnameier/Eveline Wuttke (Hrsg.): Berufs- und wirtschaftspädagogische Grundlagenforschung. Lehr-Lern-Prozesse und Kompetenzdiagnostik. Festschrift für Klaus Beck. Peter Lang: Frankfurt a. M., 161–175.

Duit, Reinders/Häussler, Peter/Prenzel, Manfred (2002): Schulleistungen im Bereich der naturwissenschaftlichen Bildung. In: Franz E. Weinert (Hrsg.): Leistungsmessung in Schulen. Beltz: Weinheim, 169–186.

Edmondson, Willis J./House, Juliane (2000): Einführung in die Sprachlehrforschung. 2. Aufl. UTB: München.

Ellis, Rod (1994): The Study of Second Language Acquisition. Oxford University Press: Oxford.

Ellis, Rod (2003): Task-Based Language Learning and Teaching. Oxford University Press: Oxford.

Europarat (Hrsg.) (2001a): Gemeinsamer europäischer Referenzrahmen für Sprachen: Lernen, Lehren, Beurteilen. Langenscheidt: Berlin und München. http://www.goethe.de/z/50/commeuro/deindex.htm (letzter Zugriff am 15.10.2012).

Europarat (Hsrg.) (2001b): Das Europäische Sprachenportfolio. BLMV: Bern.

Fend, Helmut (2001): Qualität im Bildungswesen. Schulforschung zu Systembedingungen, Schulprofilen und Lehrerleistung. Juventa: Weinheim.

Ferris, Dana (2006): Does error feedback help student writers? New evidence on the short- and long-term effects of written error correction. In: Ken Hyland/Fiona Hyland (Hrsg.): Feedback in Second Language Writing. Cambridge University Press: Cambridge, 81–103.

FLECHSIG, KARL-HEINZ (2008): Komplexe Lernaufgaben in der beruflichen Aus- und Weiterbildung. In: JOSEF THONHAUSER (Hrsg.): Aufgaben als Katalysatoren von Lernprozessen. Waxmann: Münster, 241–257.

GIRMES, RENATE (2003): Die Welt als Aufgabe?! Wie Aufgaben Schüler erreichen. In: Friedrich Jahresheft, 6–11.

GIRMES, RENATE (2004): (Sich) Aufgaben stellen. Professionalisierung von Bildung und Unterricht. Kallmeyer: Seelze.

GOODRICH ANDRADE, HEIDI (2000): Using Rubrics to Promote Thinking and Learning. In: Educational Leadership, 57. Jg., Heft 5, 13–18, http://www.ascd.org/publications/educational-leadership.aspx (letzter Zugriff am 15.10.2012).

HÄCKER, THOMAS (2006): Vielfalt der Portfoliobegriffe. Annäherung an ein schwer fassbares Konzept. In: ILSE BRUNNER/THOMAS HÄCKER/FELIX WINTER (Hrsg.): Das Handbuch Portfolioarbeit. Konzepte, Anregungen, Erfahrungen aus Schule und Lehrerbildung. Klett/Kallmeyer: Seelze, 33–39.

HALLET, WOLFGANG (2010): Handbuch Fremdsprachenunterricht. Klett/Kallmeyer: Seelze.

HALLET, WOLFGANG (2011): Lernen fördern: Englisch. Kompetenzübergreifender Unterricht auf der Sekundarstufe I. Praxisband der Unterreihe Unterrichtsqualität. Klett/Kallmeyer: Seelze.

HALLET, WOLFGANG/KRÄMER, ULRICH (2012): Kompetenzaufgaben im Englischunterricht. Grundlagen und Unterrichtsbeispiele. Klett/Kallmeyer: Seelze.

HASCHER, TINA/HOFMANN, FRANZ (2008): Aufgaben – noch unentdeckte Potenziale im Unterricht. In: JOSEF THONHAUSER (Hrsg.): Aufgaben als Katalysatoren von Lernprozessen. Waxmann: Münster, 47–64.

HECKHAUSEN, HEINZ (1989): Motivation und Handeln. Springer: Berlin.

HELMKE, ANDREAS (2003): Unterrichtsqualität – erfassen, bewerten, verbessern. Kallmeyer: Seelze.

HELMKE, ANDREAS/HELMKE, TUYET/SCHRADER, FRIEDRICH-WILHELM/WAGNER, WOLFGANG/NOLD, GÜNTER/SCHRÖDER, KONRAD (2008): Alltagspraxis des Englischunterrichts. In: ECKHARD KLIEME et al. (Hrsg.): Unterricht und Kompetenzerwerb in Deutsch und Englisch. Beltz: Weinheim und Basel, 371–381.

HÜLLEN WERNER (1983): Über das allmähliche Verfertigen von Sprachregeln In: Der Fremdsprachliche Unterricht Englisch, 17. Jg., Heft 67, 164–173.

HYLAND, KEN (2003): Second Language Writing. Cambridge University Press: Cambridge.

HYLAND, KEN (2007): Genre Pedagogy. Language, Literacy and L2 Writing Instruction. In: Journal of Second Language Writing, 16. Jg., 149–164.

INGENKAMP, KARL-HEINZ (1989): Diagnostik in der Schule. Beiträge zu Schlüsselfragen der Schülerbeurteilung. Beltz: Weinheim und Basel.

[INP] Internationales Netzwerk Portfolioarbeit (2010): Was gehört zu guter Portfolio-arbeit? Berlin, http://www.portfolio-schule.de (letzter Zugriff am 15.10.2012).

Jiménez Raya, Manuel/Lamb, Terry (Hrsg.) (2003): Differentiation in the Modern Language Classroom. Peter Lang: Frankfurt a. M.

Johnson, Keith (1988): Mistake Correction. In: ELT Journal, 42. Jg, Heft 2, 89–96.

Joughin, Gordon (2009): Introduction: Refocusing Assessment. In: Ders. (Hrsg.): Assessment, Learning and Judgement in Higher Education. Springer: Dordrecht, 1–28.

Keller, Stefan (2011): Kompetenzmodelle und Beurteilungsraster. In: Werner Sacher/Felix Winter (Hrsg.): Lerndiagnostik, Leistungsdiagnostik und Leistungsbewertung (Lehrerwissen Kompakt 4). Schneider: Baltmannsweiler.

Keller, Stefan/Ruf, Urs (2005): Was leisten Kompetenzmodelle? Pädagogische Konzepte für Dialogischen Unterricht am Gymnasium. In: Die Deutsche Schule, 97. Jg., Heft 4, 445–469.

Keller, Stefan/Winter, Felix (2009): Wie Lehrpersonen mit Kompetenzbeschreibungen unterrichten können. In: Die Deutsche Schule, 101. Jg., Heft 3, 284–295.

Kiper, Hanna (2010): Der systematische Ort von Aufgaben in Theorien des Unterrichts. In: Dies./Waltraud Meints/Sebastian Peters/Stephanie Schlump/Stefan Schmit (Hrsg.): Lernaufgaben und Materialien im kompetenzorientierten Unterricht. Kohlhammer: Stuttgart, 44–59.

Kiper, Hanna/Meints, Waltraud/Peters, Sebastian et al. (2010): Lernaufgaben und Lernmaterialien im kompetenzorientierten Unterricht. Kohlhammer: Stuttgart.

Klieme, Eckhard (2004): Was sind Kompetenzen und wie lassen sie sich messen? In: Pädagogik, 6. Jg., Heft 4, 10–13.

Klieme, Eckhard (2007): Bildungsstandards, Leistungsmessung und Unterrichtsqualität. In: Peter Labudde (Hrsg.): Bildungsstandards am Gymnasium. Korsett oder Katalysator? h.e.p. Verlag: Bern, 75–86.

Klieme, Eckhard/Avenarius, Hermann et al. (2003): Zur Entwicklung nationaler Bildungsstandards. Expertise Bundesministerium für Bildung und Forschung: Bonn, www.bmbf.de/pub/zur_entwicklung_nationaler_bildungsstandards.pdf (letzter Zugriff am 15.10.2012).

Klieme, Eckhard/Helmke, Andreas/Lehmann, Rainer H./Nold, Günter/Rolff, Hans-Günter/Schröder, Konrad/Thomé, Günther/Willenberg, Heiner (Hrsg.) (2008): Unterricht und Kompetenzerwerb in Deutsch und Englisch. Beltz: Weinheim und Basel.

[KMK] Sekretariat der Ständigen Konferenz der Kultusminister der Länder in der Bundesrepublik Deutschland (KMK) (Hrsg.) (2004): Beschlüsse der Kultusministerkonferenz. Bildungsstandards für die erste Fremdsprache (Englisch/Französisch) für den Mittleren Bildungsabschluss. Beschluss der KMK vom 04.12.2003. Wolters Kluwer: München/Neuwied.

[KMK] SEKRETARIAT DER STÄNDIGEN KONFERENZ DER KULTUSMINISTER DER LÄNDER IN DER BUNDES-REPUBLIK DEUTSCHLAND (KMK) (Hrsg.) (2005a): Bildungsstandards der Kultusminister-konferenz. Erläuterungen zur Konzeption und Entwicklung. Beschluss der KMK vom 15.10.2004. Wolters Kluwer: München und Neuwied.

[KMK] SEKRETARIAT DER STÄNDIGEN KONFERENZ DER KULTUSMINISTER DER LÄNDER IN DER BUNDES-REPUBLIK DEUTSCHLAND (KMK) (Hrsg.) (2005b): Beschlüsse der Kultusministerkonferenz. Bildungsstandards für die erste Fremdsprache (Englisch/Französisch) für den Hauptschulabschluss (Jahrgangsstufe 9). Beschluss der KMK vom 15.10.2004. Wolters Kluwer: München und Neuwied.

KÖLLER, OLAF/BAUMERT, JÜRGEN/CORTINA, KAI S./TRAUTWEIN, ULRICH/WATERMANN, RAINER (2004): Öffnung von Bildungswegen in der Sekundarstufe II und die Wahrung von Stan-dards. In: Zeitschrift für Pädagogik, 50. Jg., Heft 5, 679–700.

LANTOLF, JAMES P./APPEL, GABRIELA (Hrsg.) (2000): Vygotskian Approaches To Second Language Research. Ablex: Norwood.

LEGUTKE, MICHAEL/THOMAS, HOWARD (1991): Process and Experience in the Language Classroom. Pearson Education: London.

LERSCH, RAINER (2006): Unterricht zwischen Standardisierung und individueller Förderung. In: Die Deutsche Schule, 98. Jg., Heft 1, 28–39.

LEUPOLD, EYNAR (2010): Bildungsstandards. In: WOLFGANG HALLET/FRANK G. KÖNIGS (Hrsg.): Handbuch Fremdsprachendidaktik. Klett/Kallmeyer: Seelze, 49–54.

LEWIS, MICHAEL (1993): The Lexical Approach. Language Teaching Publications: Hove.

[LfS] LANDESINSTITUT FÜR SCHULENTWICKLUNG BADEN-WÜRTTEMBERG (2008): Niveaukonkretisie-rung für Englisch Klasse 10 – Schreiben. http://www.bildung-staerkt-menschen.de (letzter Zugriff am 15.10.2012).

[LfS] LANDESINSTITUT FÜR SCHULENTWICKLUNG BADEN-WÜRTTEMBERG (2009): Vorwort zu den Niveaukonkretisierungen für die modernen Fremdsprachen. http://www.bildung-staerkt-menschen.de (letzter Zugriff am 15.10.2012).

MACHT, KONRAD (1998): Aufgaben als Bewertungsinstrumente. In: JOHANNES-PETER TIMM (Hrsg.): Englisch Lehren und Lernen. Didaktik des Fremdsprachenunterrichts, Cornelsen: Berlin, 366–378.

MERZIGER, PETRA/SCHNACK, JOCHEN (2005): Mit Kompetenzrastern selbstständiges Lernen fördern. In: Pädagogik, 3. Jg., 20–24.

MÜLLER, ANDREAS (2006): Das Lernen gestaltbar machen. Publikation des Instituts Beatenberg, September 2006. http://www.institut-beatenberg.ch/xs_daten/home/artikel_selbstgestaltungSCREEN.pdf (letzter Zugriff am 15.10.2012).

MÜLLER-HARTMANN, ANDREAS/SCHOCKER-V. DITFURTH, MARITA (2005): Aufgabenorientierung im Fremdsprachenunterricht: Entwicklungen, Forschung und Praxis, Perspektiven.

In: Dies. (Hrsg.): Aufgabenorientierung im Fremdsprachenunterricht. Narr: Tübingen, 1–51.

NATTINGER, JAMES R./DECARRICO, JEANETTE (1992): Lexical Phrases and Language Teaching. Oxford University Press: Oxford.

NORTH, BRIAN/ORTEGA, ANGELES/SHEEHAN, SUSAN (2010): A Core Inventory for General English. British Council/EAQUALS (European Association for Quality Language Services). http://www.teachingenglish.org.uk → Teacher development → Publications → British Council/EAQUALS Core Inventory for General English (letzter Zugriff am 15.10.2012).

OECD (Hrsg.) (2005): Definition und Auswahl von Schlüsselkompetenzen. Zusammenfassung. http://www.oecd.org/dataoecd/36/56/35693281.pdf (letzter Zugriff am 15.10.2012).

OELKERS, JÜRGEN/REUSSER, KURT (2008): Qualität entwickeln – Standards sichern – mit Differenz umgehen (Bildungsforschung Band 27). Bundesministerium für Bildung und Forschung: Berlin.

OSER, FRITZ/HASCHER, TINA/SPYCHIGER, MARIA (1999): Lernen aus Fehlern. Zur Psychologie des „negativen" Wissens. In: WOLFGANG ALTHOF (Hrsg.): Fehlerwelten. Leske & Budrich: Opladen, 11–41.

OXENDEN, CLIVE/LATHAM- KOENIG, CHRISTINA (2006): New English File Intermediate. Oxford University Press: Oxford.

OSTERWALDER (2013, in Vorbereitung): „The Kid" und Task-based Learning

PARADIES, LIANE/LINSER, HANS J./GREVIG, JOHANNES (2007): Diagnostizieren, Fordern und Fördern. Cornelsen Scriptor: Berlin.

PFAU, ANITA (2008): Poche Parole – Grande Effetto. Eine Unterrichtseinheit zum Thema Lyrik im Fremdsprachenunterricht. In: URS RUF/STEFAN KELLER/FELIX WINTER (Hrsg.): Besser lernen im Dialog. Klett/Kallmeyer: Seelze, 70–82.

PIEPHO, HANS-EBERHARD (2005): Von der Übungstypologie zur Szenariendidaktik. In: ANDREAS MÜLLER-HARTMANN/MARITA SCHOCKER-V. DITFURTH (Hrsg.): Aufgabenorientierung im Fremdsprachenunterricht. Gunter Narr: Tübingen, 56–68.

PORTMANN-TSELIKAS, PAUL R. (2001): Aufgaben statt Fragen. Sprachenlernen im Unterricht und die Ausbildung von Fertigkeiten. In: Fremdsprache Deutsch, 24. Jg., 13–18.

REKUS, JÜRGEN (2005): Nationale Bildungsstandards – Grundlage von Schulqualität?! In: Ders. (Hrsg.): Bildungsstandards, Kerncurricula und die Aufgabe der Schule: Aschendorff: Münster.

ROWNTREE, DEREK (1977): Assessing Students: How shall we know them? Kogan Page: London.

Ruf, Urs/Frei, Nicole/Zimmermann, Tobias (2004): Wie Schüler aus ihren Fehlern lernen. In: Gerold Becker/Klaus-Dieter Lenzen et al. (Hrsg.): Heterogenität. Unterschiede nutzen, Gemeinsamkeiten stärken. Friedrich Jahresheft, 98–101.

Ruf, Urs/Gallin, Peter (2005a): Dialogisches Lernen in Sprache und Mathematik. Bd. 1: Austausch unter Ungleichen. Kallmeyer: Seelze.

Ruf, Urs/Gallin, Peter (2005b): Dialogisches Lernen in Sprache und Mathematik. Bd. 2: Spuren legen – Spuren lesen. Kallmeyer: Seelze.

Ruf, Urs/Keller, Stefan/Winter, Felix (Hrsg.) (2008): Besser lernen im Dialog. Klett/Kallmeyer: Seelze.

Rumpf, Horst (1994): Das Verstehen und sein lebensweltliches Fundament. In: Kurt Reusser/Marianne Reusser-Weyeneth (Hrsg): Verstehen. Psychologischer Prozess und didaktische Aufgabe. Hans Huber: Berlin, Göttingen, Toronto, Seattle, 113–126.

Sacher, Werner (2003): Leistungsbeurteilung nach PISA. In: Schulverwaltung, Heft 2, 16–18.

Sadler, D. Royce (1989): Formative Assessment and the Design of Instructional Systems. In: Instructional Science, 18. Jg., 119–144.

Sadler, D. Royce (2002): Ah! So That's 'Quality'. In: Peter L. Schwartz/Graham Webb (Hrsg.): Assessment. Kogan Page: London.

Sadler, D. Royce (2008): Transforming Holistic Assessment and Grading into a Vehicle for Complex Learning. In: Gordon Joughin (Hrsg.): Assessment, Learning and Judgement in Higher Education. Springer: Dordrecht, 45–63.

Schaer, Ursula (2007): Source Books rather than Course Books – Die Bildungsreform im Fremdsprachenunterricht und die neue Rolle für die Lehrmittel. In: Beiträge zur Lehrerbildung, 25. Jg., Heft 2, 255–267.

Schneider, Günther/North, Brian (2000): Fremdsprachen können – was heißt das? Skalen zur Beschreibung, Beurteilung und Selbsteinschätzung der fremdsprachlichen Kommunikationsfähigkeit. Verlag Rüegger: Zürich.

Schlömerkemper, Jörg (2004): Wie kultiviere ich die Bildung mit dem Standard? Zur Organisation kompetenz- und prozessintensiven Lernens. In: Die Deutsche Schule, 98. Jg., 264–269.

Schrempf, Renate (2002): Rubrics. In: Pädagogik, 9. Jg., 40–43.

Schwarz, Hellmut/Seidl, Jennifer (2011): English G 21/A1. Cornelsen: Berlin.

Selinker, Larry (1972): Interlanguage. In: International Review of Applied Linguistics, 10. Jg., Heft 2, 203–231.

Siepmann, Dirk (2012): Spracherwerb in komplexen Kompetenzaufgaben. In: Wolfgang Hallet/Ulrich Krämer (Hrsg.): Kompetenzaufgaben im Englischunterricht. Klett/Kallmeyer: Seelze.

SKEHAN, PETER/FOSTER, PAULINE (2001): Cognition and Tasks. In: PETER ROBINSON (Hrsg.): Cognition and Second Language Acquisition. Cambridge University Press: Cambridge, 183–205.

STARK, ROBIN/MANDL, HEINZ (2000): Konzeptualisierung von Motivation und Motivierung im Kontext situierten Lernens. In: ULRICH SCHIEFELE/KLAUS-PETER. WILD (Hrsg.): Interesse und Lernmotivation. Waxmann: Münster, 73–94.

STIGGINS, RICK (2004): An Introduction to Student-Involved Assessment FOR Learning, 5. Auflage, Pearson: Columbus.

STIGGINS, RICK (2008): Student-Involved Assessment FOR Learning, 5. Auflage, Pearson: Columbus.

SUSKIE, LINDA (2009): Using Assessment Results to Inform Teaching Practice and Promote Lasting Learning. In: GORDON JOUGHIN (Hrsg.): Assessment, Learning and Judgement in Higher Education, Springer: Wollongong, 33–149.

SWAIN, MERRILL (2000): The Output Hypothesis and Beyond: Mediating Acquisition through Collaborative Dialogue. In: JAMES P. LANTOLF (Hrsg.): Sociocultural Theory and Second Language Learning, Oxford University Press: Oxford.

SWALES, JOHN (1990): Genre Analysis. English in Academic and Research Settings. Cambridge University Press: Cambridge.

TESCH, BERND (2010): Kompetenzorientierte Lernaufgaben im Fremdsprachenunterricht. Peter Lang: Berlin.

THALER, ENGELBERT (2008): Teaching English Literature. Schöningh: Paderborn u. a.

THORNBURY, SCOTT (1999): How To Teach Grammar. Longman: Harlow.

THORNBURY, SCOTT (2005a): Uncovering Grammar. Peason: London.

THORNBURY, SCOTT (2005b): Beyond the Sentence. Introducing Discourse Analysis. Macmillan: Oxford.

VIGOTSKY, LEV (1977): Denken und Sprechen. Hrsg. v. J. HELM. Fischer Taschenbuch: Frankfurt am Main.

VOLLSTÄDT, WITLOF (2008): Kompetenzorientiert Leistungen ermitteln und bewerten. In: Praxis Schule 5–10, Heft 5, 6–8.

WAGENSCHEIN, MARTIN (1968): Verstehen lehren. Beltz: Weinheim.

WEINERT, FRANZ E. (1998): Guter Unterricht ist ein Unterricht, in dem mehr gelernt wird als gelehrt wird. In: JOSEF FREUND et al. (Hrsg.): Guter Unterricht, Was ist das? Aspekte von Unterrichtsqualität. ÖVB Pädagogischer Verlag: Wien, 7–18.

WEINERT, FRANZ E. (1999): Aus Fehlern lernen und Fehler vermeiden lernen. In: WOLFGANG ALTHOF (Hrsg.): Fehlerwelten. Vom Fehlermachen und Lernen aus Fehlern. Leske & Budrich: Opladen.

WEINERT, FRANZ E. (2001a): Vergleichende Leistungsmessung in Schulen – eine umstrittene Selbstverständlichkeit. In: Ders. (Hrsg.): Leistungsmessung in Schulen. Beltz: Weinheim und Basel, 17–31.

WEINERT, FRANZ E. (2001b): Concepts of Competence. A Conceptual Clarification. In: DOMINIQUE S. RYCHEN/LAURA H. SALGANIK (Hrsg.): Defining and Selecting Key Competencies. Hogrefe: Göttingen, 45–65.

WESKAMP, RALF (2004): Aufgaben im fremdsprachlichen Unterricht. In: Praxis Fremdsprachenunterricht 3, 162–170.

WESTHOFF, GERARD (2001): The European Language Portfolio as an Instrument for Documenting Learning Experiences. In: EUROPARAT (Hrsg.): Enhancing the Pedagogical Aspects of the European Language Portfolio (ELP).

WIEDENHORN, THOMAS (2006): Das Portfoliokonzept in der Sekundarstufe. Individualisiertes Lernen organisieren. Verlag an der Ruhr: Mülheim an der Ruhr.

WILLIS, JANE (1996): A Framework for Task-Based Learning. Longman: Edinburgh.

WILLIS, JANE (2003): Rules, Patterns and Words. Grammar and Lexis in English Language Teaching. Cambridge University Press: Cambridge.

WINTER, FELIX (2004): Leistungsbewertung – eine neue Lernkultur braucht einen anderen Umgang mit Schülerleistungen. Schneider: Hohengehren.

WINTER, FELIX (2007): Fragen der Leistungsbewertung beim Lerntagebuch und Portfolio. In: MICHAELA GLÄSER-ZIKUDA/TINA HASCHER (Hrsg.): Lernprozesse dokumentieren, reflektieren und beurteilen. Lerntagebuch und Portfolio in Bildungsforschung und Bildungspraxis. Klinkhard: Bad Heilbrunn, 107–129.

WINTER, FELIX (2009): Leistungsbeurteilung in Projekten des selbstorganisierten Lernens. Mittelschul- und Berufsbildungsamt: Zürich.

WINTER, FELIX/KOCH-PRIEWE, BARBARA (1986): Kann man Schüler „motivieren"? In: MANFRED HOLODYNSKY/BARBARA KOCH-PRIEWE (Hrsg.): Materialien über die 3. Arbeitstagung zur Tätigkeitstheorie A. N. Leontjevs vom 31.1. bis 2.2.1986 am Oberstufenkolleg der Universität Bielefeld,141–161.

ZEDER, ANDREA (2006): Das Lernjournal. Ein Instrument zur Förderung metakognitiver und fachlicher Kompetenzen. Eusl: Paderborn.

ZIENER, GERHARD (2009): Bildungsstandards in der Praxis. Kompetenzorientiert unterrichten. Klett/Kallmeyer: Seelze.

ZYDATISS, WOLFGANG (2010): Skills und Kompetenzen. In: WOLFGANG HALLET/FRANK G. KÖNIGS (Hrsg.): Handbuch Fremdsprachendidaktik, Kallmeyer: Seelze, 59–63.

Register

Fitmacher für die Sek. I

Soforthelfer und Fundgruben

Brenner, Gerd u.a.

Soforthilfe Englisch
Grammar of the English
Sentence
128 Seiten, mit Abbildungen,
kartoniert

ISBN 978-3-589-23286-4

Brenner, Gerd u.a.

Soforthilfe Englisch
Using English Vocabulary
128 Seiten, mit Abbildungen,
kartoniert

ISBN 978-3-589-23285-7

Ingrid Preedy/
Ulrike Spiegelhalter

Fundgrube
Englisch
192 Seiten, mit Abbildungen,
Paperback

ISBN 978-3-589-23295-6